AF612313

YO, ANAÍ DOMÍNGUEZ

Denuncias, revelaciones y redención

Anaí Domínguez

YO, ANAÍ DOMÍNGUEZ
Denuncias, revelaciones y redención

Editado por: Corporación Ígneo, S.A.C.
para su sello editorial Ediquid
Av. Arequipa 185 1380, Urb. Santa Beatriz. Lima, Perú
Primera edición, enero, 2022

ISBN: 978-612-5042-52-1
Impresión bajo demanda

Hecho el Depósito Legal en la Biblioteca Nacional del Perú N° 2022-00063
Se terminó de imprimir en enero de 2022 en:
ALEPH IMPRESIONES SRL
Jr. Risso Nro. 580
Lince, Lima

www.grupoigneo.com
Correo electrónico: contacto@grupoigneo.com
Facebook: Grupo Ígneo | Twitter: @editorialigneo | Instagram: @grupoigneo

Diseño de portada: Pablo Temoche Bellota
Colección: Nuevas voces

Preámbulo

El traslado a otro país puede resultar angustiante y, en casos extremos, provocar crisis de pánico, depresión y una tristeza difícil de entender por quienes no han pasado por esta experiencia. Si mudarse de calle causa nostalgia, mudarse de país, sin lugar a dudas, produce una emoción interna avasallante: se llega a sentir exclusión social y no se encuentran puntos de anclaje.

Tomar la decisión de vivir en otro país significa apostar por una vida mejor. Uno se imagina un futuro lleno de esperanza; pero si ese futuro resulta ser un verdugo que solo nos espera para mostrarnos, una a una, nuestras debilidades, y obligarnos a soportar carencias, nunca debería haber sido una opción. Emigrar, en algunos casos, podría convertirse en una entrada a la desesperación.

Pero esta no es la historia de una emigrante que lo dejó todo atrás; es la historia de una inmigrante que entró en su mayor desgracia sin saberlo.

Partir significa separarse irremediablemente de la familia y trae consigo sentimientos de culpa difíciles de combatir. Al momento de instalarnos en el destino con nuestros niños —como fue mi historia—, contemplamos sus inocentes rostros y sabemos que ellos no pidieron venir a este nuevo lugar ni al mundo; que están aquí por decisión nuestra. Es así que, al desatarse la tormenta y la vida se torna dura, no hay tiempo para nada más que para luchar. Un ser humano bien formado da la vida por sus hijos.

Debido al ánimo decaído, no se quiere ni mover un dedo; pero la necesidad no espera y es obligatorio e impostergable sacar adelante a esas personitas bellas. En mi caso, tuve la desdicha de ser una inmigrante estafada financiera y emocionalmente. Comenzar a vivir el exilio como refugiada es algo que jamás imaginé.

En los últimos años de mi vida he buscado libros sobre emigrantes. Encontré muchos, pero solo la lectura de *El emigrante*, el microrrelato del escritor mexicano Luis Felipe Lomelí, me hizo reflexionar sobre aquel día tan emotivo en que me despedí. El relato íntegro reza así:

—¿Olvida usted algo?

—¡Ojalá!

En mi reflexión, recordé que varios me hicieron esa pregunta y yo respondía a todos: «¡No, nada! Cualquier cosa me la guardan». ¡Respuesta equivocada! La perfecta y adecuada era: «Sí, se me está quedando mi familia. Por favor, en cuanto puedan empáquenla y me la hacen llegar ¡como sea!».

Ante una separación, ¡qué precio tan caro debemos pagar cuando somos criados con amor abundante y unión! En mi viaje, no imaginé la pérdida irreparable de algún ser querido. Al año, ya hubo pérdidas físicas de seres amados. Pero esos golpes no deben ser motivo para detenerse. La pelea debe continuar: la caminata es larga; el desierto, fuerte, y se debe avanzar.

A un amigo, una gran persona, le comenté esto. Él extendió sus brazos, se me acercó al oído y me dijo: «No te rindas, Anaí. El desierto tiene su final y allí te esperan cosas maravillosas». Benditas sean esas palabras que me hicieron reflexionar sobre muchas dudas. ¡Gracias, Cooper!

Espero que al final del desierto, entre esas cosas maravillosas, esté mi familia en pleno, y que los sobrinos que no me conocen sepan reconocerme, porque, gracias a la tecnología, en su memoria se han ido grabando imágenes y palabras de afecto.

Mae, Gustavo y María Guadalupe, mis hijos, los eslabones fundamentales de mi cadena de amor y los seres más importantes de mi vida: Sepan que la infinidad de palabras y gestos de amor que tengo para ustedes a veces se quedan inmóviles en mi boca o en mis manos. Al ser tantos, no todos puedo sacarlos, y van quedando guardados para algún momento necesario. Ustedes son la mayor bendición en mi vida.

Cuando toca subir a una montaña rusa, se comienza a ver la vida y el amor como un acto de fe, sin importar lo que se haya tenido o vivido; pero con la seguridad de que todo es parte de un proceso necesario que Dios aplica en sus hijos predilectos, con el único propósito de construir su casita en el cielo.

En ocasiones, sentimos a Dios como un padre que nos abraza; y en otras, como un alfarero que nos rompe en pedazos y moldea. En ambos casos, no debemos olvidar que Él nos ama con amor inagotable.

Algunas familias ostentan joyas, casas, viajes, autos. Yo ostento las joyas de mi cadena de amor: el nexo familiar. Son ustedes mis diamantes, pulidos por Dios y por la vida. Me derrito y me rindo de amor ante la sensibilidad y la empatía que demuestran por el prójimo, ¡y ni se diga cuando los veo sonreír! Ustedes son mi regalo del cielo y de rodillas le suplico al Todopoderoso que transiten sus vidas en la mayor felicidad posible, a pesar de la hostilidad, y que a mí me permita ver ese tránsito. Cuando mi vida se apague, deseo haberles dejado ya en ese camino de la vida, y si les hago falta, búsquenme entre ustedes (entre hermanos). Allí está mi ADN, allí estoy yo, por obra perfecta y divina de Dios. Jamás estarán solos.

Y tú, Julián, eres luz en mi vida; un amor que traspasa todas las fronteras.

Amo a mi familia con toda mi alma.

Agradecimiento

Agradezco a Dios y a la Virgen por haberme llevado en sus brazos, cargada y abrazada, durante este trayecto de mi vida.

También quiero expresar un profundo agradecimiento y reconocimiento a la valentía de mis hijos Mae, Gustavo y María Guadalupe. Ustedes han sido y son mi inspiración, mi tenacidad, mi fuerza y oxígeno; ustedes me dan vida; sus rostros y cada dificultad que pasaron me impulsaron a dejar este testimonio. La presencia de ustedes fue esencial para que yo tomara lápiz y papel y me llenara de coraje para plasmar cada línea de este libro. Son unos guerreros de luz.

A cada ángel que Dios, en su infinita bondad, colocó en mi camino para hacer más llevaderas las dificultades durante estos diez años, muy especialmente a la comunidad Pueblo de Dios y a los colegios María de las Mercedes, Hosanna y Santo Domingo el Apóstol.

A mis padres, por convertir mi dolor en su dolor y decirme siempre las palabras más amorosas que un hijo pueda escuchar. Cada una de sus palabras las convertí en arma, y con ellas di la batalla. Gracias, papá y mamá; con su ejemplo de devoción mariana y fe en el Todopoderoso, hicieron que creyera en Dios incluso en las etapas más difíciles de mi vida.

A mis hermanas Naivy, Nayrobi y Ada; a mis hermanos (cuñados) Cheli, Kaduo y David. Cada gesto de afecto y empatía que me han manifestado, unas veces con amor y otras veces con apoyo económico, hicieron posible la resistencia, el techo, la comida, la salud y los estudios de mi tribu. Y me ratificaron que familia es familia. Ustedes son mis ángeles guardianes.

Gracias también a la aflicción, a la intensidad del dolor sentido, a la soledad, a la hostilidad de la vida. Me dieron tan duro y me doblegaron tanto que, durante diez años, lo único que pude hacer de provecho fue este libro.

A ti, que no tuviste sangre en las venas ni piedad para acabarme junto con mis hijos y dejarnos en un estado de indefensión absoluta. Pusiste a prueba nuestras fuerzas. ¡Sobrevivimos! Ahora sabemos que somos fuertes y que podemos superar cualquier prueba. Ahora sé que no fue casual que llegaras a mi vida. Todo tiene un porqué. Te perdono.

Capítulo 1

Mi amigo(a), lamento informarte que una caída abismal y brutal me mantuvo casi en la indigencia y la inanición, pero inhalando aire puro, aire que me alimentó y calmó mi sed. Finalmente, perdí de vista a gente querida desde marzo del 2012. Ahí se produjo mi entrada a un nuevo mundo luego de haber vivido los momentos más difíciles de mi vida y de haber dado un paseo por el infierno.

Me veo obligada a decirte que no eras tan amigo como ambos lo creíamos y eso quedó firmemente evidenciado.

Sería bueno que des un paseo por la vida y te ilustres un poco sobre lo que es la fe, la resiliencia y la amistad. Te ayudaré un poco:

Fe: Es haberlo perdido todo, emocional y materialmente, y aun así tener la convicción de que ningún arma forjada contra ti prosperará y ninguna lengua te condenará. La fe es la garantía de lo que se espera; la certeza de lo que no se ve.

Resiliencia: Es la capacidad de una persona para superar circunstancias traumáticas y sobreponerse al dolor emocional. Es la valentía y el coraje que nos permite ser transformados positivamente por estas situaciones.

Amistad: Es un vínculo de afecto que se establece entre personas que no son familia. Un «amigo(a)» acude en la adversidad, sin ser llamado. Es lealtad, compromiso, respeto y entrega.

Amigo(a), no sabes cuánto te eché de menos. En mi desesperación, unas veces te llamé, pero no acudiste; otras veces te esperé y jamás llegaste. Pero, en tu ausencia hubo alguien que ocupó tu lugar y hasta hoy lo ocupa: Dios, mi gran amigo.

Amigo(a), en vista de que hoy tocas a mi puerta, aprovecho para seguirte comentando que, en esa caída brutal que tuve, sufrí un episodio casi fatal, en donde mis niveles emocionales hicieron cortocircuito y estuvieron a mi lado el temor, el pánico, la soledad, la ansiedad, el nerviosismo, la irritabilidad, la depresión, la anhedonia, la pérdida del apetito, entre otros males.

Me pregunto si tú hubieses podido soportarlo sin un amigo(a).

No sabes cuánto lloré; cuánta desesperación y cuánto dolor sentí, amigo(a). Poco a poco, cada lágrima que derramé se fue convirtiendo en fortaleza y fe, blindando así mi corazón ante el dolor que causa la ausencia de un amigo(a). En medio de tanta agonía, solo escuchaba una voz que me decía: «Cuando lloras, yo lloro contigo». Era la voz de Jesús.

Muchas veces tiré la toalla al piso, y mi amigo Jesús la tomó y colocó en mis manos, diciendo: «No olvides que esta lucha es de los dos».

Querido amigo(a), ¿recuerdas que cuando salí de mi país era madre de tres hijos? Y no digo madre divorciada, porque como dice el papa Francisco, ser madre NO es un estado civil. Ser madre es serlo y punto. Aún lo soy, y mis hijos han estado presentes en esta larga travesía.

Como madre desesperada, en medio del terror, me vi obligada a inventarles a mis hijos mil cuentos y tuve que maniobrar millones de veces para que no se percataran de la realidad. Por supuesto que todos mis intentos fueron fallidos; la arremetida fue tan grande que también ellos fueron tocados.

Un hijo necesita salud, alimento, techo, ropa, estudio y mucho amor. Lo último nunca les faltó. ¡Bendito sea mi amigo Dios!

Amigo(a), se me agota el tiempo y debo comenzar mi despedida, porque la lucha continúa, con menos dificultades que antes, pero continúa y debo ir a trabajar. Quiero que sepas que, aunque te extrañé mucho, no fuiste imprescindible en mi batalla. Quiero que sepas que sí pude. Quiero que sepas que mi fe fue fortalecida. También quiero que sepas que fuiste tú quien me enseñó la lección de la AMISTAD, y que hoy, gracias a ti, puedo dar hasta una cátedra sobre la amistad.

Amigo(a), con todo lo que me ha tocado vivir, y que ya te he resumido en unas líneas, te informo que aquí estoy, de pie, con la frente en alto y dándole la cara al viento. Como dijo Martin Luther King: «Si supiera que el mundo se acaba mañana, hoy todavía plantaría un árbol».

Al escribir las líneas que preceden, me encontraba en un momento de gran soledad y tristeza; por ello, reflejan una lucha donde mi único compañero fue Dios. Y es que yo asumía que «los momentos más difíciles de mi vida» ya habían pasado, y que, a pesar de las duras circunstancias, cualquier cosa que sobreviniera sería soportable y superable. Al escribirlas, decidí cerrar todas mis redes sociales y ausentarme de la vida, manteniendo únicamente contacto con mis familiares más cercanos, quienes no conocían la realidad total y detallada de mi situación.

Me convertí en una persona ausente y distraída de la sociedad actual y de lo que había sido mi entorno en Venezuela. Hasta ese entonces, no hice ningún llamado a nadie que no fuera consanguíneo conmigo.

Mi intención al contar mi vida fue profundizar en la importancia del afecto en cualquier contexto. Que no debemos vivir de suposiciones y que siempre, por encima de cualquier circunstancia, hay que tener constancia en nuestros afectos, los cuales se basan en la empatía y la compasión.

Durante el tiempo en que escribí este libro, no sabía lo que me depararía el futuro. Los años venideros fueron muy duros y a mis llamados siempre acudía alguien; eran ángeles que Dios colocó para ayudarme a cruzar el desierto de mi vida.

Capítulo 2

Octubre 2010

Un día cualquiera, sentada frente a mi pc, recibí un mensaje de un ex. Para ese entonces, yo llevaba separada de mi esposo y padre de mis tres hijos más de un año, y ya había iniciado mi proceso de disolución matrimonial (estuve casada solamente por civil). Mi matrimonio tuvo una duración de doce años, sobre los que no hace falta entrar en detalles. Considero suficiente decir que nunca fue un matrimonio ideal que representara tal institución.

Mi vida era agitada, laboral y socialmente. Los compromisos no me dejaban casi tiempo para otra cosa que no fuera estar en mi hogar compartiendo actividades con mis hijos, tomando sol y dándonos un chapuzón en la piscina, o un domingo en la playa.

Por lo demás, atendía, al menos, dos restaurantes; resguardaba los intereses de quienes confiaban en mi labor como abogada; daba clases; velaba por las asignaciones escolares y extraacadémicas de mis hijos; siempre daba un sí a cualquier pedido de servicio de catering para un evento; viajaba, me equipaba de alguna mercadería para la venta y la colocaba. Quizá un evento social los viernes o sábados, y los domingos siempre estaba dedicada a los míos. Por estas razones, mi semana siempre era breve y superocupada.

En sus líneas, esta persona que me envió el mensaje expresaba alegría por haberme ubicado en una red social y así poder reestablecer una amistad y una nueva comunicación.

El contacto con mi ex, Rodolfo Antonio Barráez Sánchez, conocido como «Popo Barráez» en las faenas políticas, fue constante e intenso, al punto de rescatar el afecto vivido años atrás en mi época universitaria, cuando yo cursaba el tercer año de derecho en la Universidad Santa María, en Caracas, y él ostentaba el cargo de alcalde de la ciudad de Coro, en el estado Falcón.

Él ya tenía una carrera política consumada, pues era dirigente del Partido Social Cristiano (Copei) y, si no me equivoco, diputado. Además, por dos periodos consecutivos ocupó el cargo de alcalde en la ciudad antes referida.

Acepté su propuesta de iniciar una relación nuevamente, esta vez con la madurez que me daba mi edad y mis experiencias, y con el aprendizaje obtenido por él (aunque la verdad es que cuando el alma de una persona no es benévola, jamás obtiene aprendizaje y su espíritu no guarda mansedumbre), al ser uno de los hombres más perseguidos por el régimen de Hugo Rafael Chávez Frías por haber sido quien denunciara públicamente los pozos de la muerte en el estado Falcón.

Estos hechos y otros más lo llevaron a huir y establecerse en Lima, Perú, país que, ante el escándalo del régimen, había abierto sus puertas al alto exilio venezolano. El alto exilio venezolano estaba conformado por Manuel Rosales, Eduardo Lapi, Oscar Pérez, William Prado, Carlos Barboza, Ramón Martínez y Rodolfo. Juntos, se dedicaban a hacer todo aquello que pudiera debilitar el régimen instaurado en Venezuela y ayudara a develar los delitos del Gobierno. Este trabajo era llevado a cabo en la oficina de Manuel Rosales, ubicada en el distrito de Miraflores.

Habiendo aceptado retomar la relación con Rodolfo, planifiqué un viaje a Lima, ya que él, por su condición, no podía ingresar a Venezuela. Organicé todo aquello que comprometía mi presencia en Barquisimeto, Venezuela, delegué algunas cosas y le puse fecha a mi viaje.

El 6 de diciembre del 2010 viajé a Lima para reencontrarme con él, tras quince años, aproximadamente, sin haber tenido contacto alguno. Él me esperaba en el aeropuerto Jorge Chávez del Callao. Luego de un cálido abrazo, nos dirigimos a un mini-departamento que él rentaba en el distrito de Miraflores. Allí me había preparado una gran bienvenida con flores y vino.

Este primer encuentro estuvo lleno de afecto, pues fueron muchos años sin saber el uno del otro. Nos dimos detalles de todo lo que había sucedido en nuestras vidas hasta ese entonces: vida en pareja, trabajo, familia y a qué nos dedicábamos.

Luego de una larga velada, nos fuimos a descansar. Al día siguiente, muy temprano, tomamos desayuno en una panadería del mismo distrito. Luego, como era su rutina, fuimos a la oficina del alto exilio político venezolano, presidida por Manuel Rosales. Allí estuvimos prácticamente toda la mañana. La tarde ya fue nuestra, dedicada a pasear por varios lugares de la ciudad de Lima.

Durante este viaje, todos los días eran similares: en las mañanas, reuniones con todo el exilio; las tardes, de paseo; y una que otra noche nos reuníamos en la casa de Manuel Rosales, donde su empleada del hogar nos preparaba unas deliciosas arepas. Entre tragos y algún otro piqueo, compartíamos con todos los integrantes del exilio.

El día 12 de diciembre retorné a mi país. En la distancia, todo fluía con absoluta normalidad: comunicación constante, siempre con planes de un próximo viaje.

20 de enero de 2011

En mi segundo viaje a Lima, fui recibida con tantos o más detalles que la primera vez. Rodolfo era todo un caballero y hombre enamorado; me llenaba de atenciones y cuando llegaba la hora de mi retorno, les mandaba a mis hijos un obsequio en señal de cariño.

En este viaje, Rodolfo tenía la sorpresa más inesperada para mí. Al segundo día de mi estadía en Lima, me dijo que esa noche disfrutaríamos de una cena especial. Durante el día estuvimos en la oficina con todo el exilio y, en horas de la tarde, hicimos un poco de turismo. Temprano, nos fuimos a casa a descansar.

Llegada la noche, Arturo Bonet, chofer de Eduardo Lapi, nos esperaba abajo. Arturo Bonet es un tipo muy familiar y carismático que siempre estaba disponible para todo el exilio, en cualquier diligencia y, en especial, para Eduardo Lapi, con quien guarda un vínculo de amistad y respeto. Nos embarcamos en el auto y Arturo Bonet nos trasladó hacia el lugar de la cena.

Rodolfo había reservado un espacio especial y decorado, con servicio de vino tinto y platos a degustar, en el restaurante Brujas de Cachiche, en el distrito de Miraflores. En medio de la velada, me hizo entrega de un anillo de compromiso y me propuso matrimonio. Fue una noche espectacular, llena de todo lo necesario para ser perfecta.

El poder económico de Rodolfo había mermado muchísimo desde que salió de Venezuela, así que todos estos detalles y atenciones los hacía con ayuda de familiares o beneficios de su incursión en la política, que siempre genera dádivas. Nunca hubo mayor indagación de mi parte con respecto a sus finanzas; de hecho, en los viajes posteriores, ocasionalmente era yo quien le ayudaba a sostenerse económica y emocionalmente, pues Rodolfo había desarrollado, según lo que él mismo me contó, episodios de depresión por la separación familiar.

Puesto que yo tenía independencia y estabilidad económica absoluta, los temas de finanzas no me preocupaban.

Todos los días siguientes a este hicimos planes y proyectos juntos, en los que estaban incluidos mis tres hijos. Entre reuniones, cenas de política, turismo y algunas compras, terminó mi estadía en Lima. El 28 de enero retorné a mi país.

10 de febrero de 2011

Cuando viajaba a Lima, Rodolfo siempre me esperaba en el aeropuerto con algún detalle: flores, chocolates, alfajores, etc. En mi tercer viaje, allí estaba esperándome. Nos fuimos a casa, donde le di algunas cosas que su madre le mandaba; yo también le traje algunos obsequios.

La rutina era, generalmente, la misma. No recuerdo bien, pero creo que en este viaje Eduardo Lapi nos invitó a cenar en el restaurante La Rosa Náutica, también en Miraflores. Allí compartimos algunas copas y cenamos. Rodolfo y yo estábamos en una luna de miel adelantada.

Entonces, Rodolfo me dio otra sorpresa al decirme que tenía una reservación hecha en Asia, un distrito de Lima que durante el verano recibe a turistas del mundo entero. Asia es festiva durante casi cuatro meses al año, que son los de verano. Los últimos tres días de mi estadía fueron de playa, maravillosos. Este viaje fue más dedicado a nuestra relación que a la política.

El día 17 de febrero retorné a mi país.

18 de marzo de 2011

Cuando realicé mi cuarto viaje a Lima, de nuevo Rodolfo fue a recogerme al aeropuerto. Estos primeros viajes fueron muy placenteros, ya que todo era amor. No obstante, siempre se daban reuniones políticas. En ese momento, el exilio en Lima era un fuerte depredador para el régimen de Hugo Rafael Chávez Frías.

Entre otras cosas importantes, en este viaje invité a Rodolfo a sentarnos a conversar sobre presupuestos aproximados de los gastos mensuales que le dan sustento a una familia en Lima. De esta manera, yo podría hacerme un panorama mental de trabajo e ingresos necesarios para preservar la calidad de vida de mis hijos en esta ciudad. Así lo hicimos, siempre dándole prioridad a la educación, la salud, el techo, la alimentación y también la recreación.

El día 28 de marzo retorné a mi país.

29 de abril de 2011

En mi quinto viaje a Lima, reforzamos lo conversado en el viaje anterior y nos dedicamos a ver las posibilidades de domicilio, colegios, pólizas de seguros, trabajo y todo aquello que representa la institución del matrimonio y el sostén de un hogar, a fin de mantener el estatus de vida que tanto mis hijos como yo teníamos en Venezuela.

Recorrimos varios colegios, analizando cotizaciones y viendo instalaciones. Hicimos lo propio con opciones de departamento. Debido a que también había responsabilidades con el equipo del exilio, el tiempo no fue suficiente, así que quedaron varios pendientes para mi próximo viaje. Rodolfo y yo acordamos rentar un departamento lo más pronto posible. El quedó con esa responsabilidad.

El día 17 de mayo regresé a mi país. En el intervalo hasta mi próximo viaje, él buscaría departamento. En esas semanas, me tuvo al tanto de su búsqueda: me daba información de los inmuebles y mandaba fotos, de manera que juntos decidiéramos cuál sería el domicilio familiar.

Elegimos una opción en el distrito de Miraflores, frente al parque Tradiciones. Rodolfo se hizo cargo de este contrato y del pago de las rentas. Cuando yo arribara con la familia, otro sería el escenario en cuanto a los pagos. Este era un tema no concretado aún.

Rodolfo se mudó e instaló en el nuevo departamento.

16 de julio de 2011

Mi sexto viaje a Lima fue el que planifiqué con más emoción, ya que decidí llevar a María Guadalupe, mi hija menor y consentida por todos. Así que decidimos dejar los asuntos pendientes para un viaje posterior o, en todo caso, para los meses iniciales de nuestra venida, pues lo más importante, nuestro alojamiento, ya estaba concretado. La idea era que en este viaje mi hija tuviera recreación.

Rodolfo nos esperó en el aeropuerto, esta vez con un obsequio para María Guadalupe. Fue una linda bienvenida.

Diariamente, por las mañanas, había reuniones y compromisos con el exilio político. Mientras esto ocurría, María Guadalupe y yo esperábamos en la misma oficina de Manuel Rosales, en alguna área social y, en otras ocasiones, en el departamento. En las tardes hacíamos turismo y paseos.

Llevamos a María Guadalupe al Parque de las Leyendas (zoológico), al parque Circuito Mágico de las Aguas y, así, a otros sitios de recreación infantil. En las noches veíamos películas con ella. Fue una estadía familiar y, al igual que todas las anteriores, muy grata.

El día 28 de julio mi hija y yo retornamos a nuestro país.

Todos estos viajes fueron posibles, en primer lugar, debido a mis ganas de ser feliz y porque creía firmemente en la institución del matrimonio, pues vengo de un hogar en el que se considera que el matrimonio y la familia son la base fundamental de la sociedad. Así me lo enseñaron desde niña y, cuando me hice adulta, busqué desesperadamente eso. Yo venía de un matrimonio fracturado, el cual traté de salvar infinidades de veces, pero que, irremediablemente, terminó en divorcio.

Esta decisión representaba una inmensa responsabilidad sobre mis hombros. Aceptar aquella propuesta de matrimonio, abandonar mi país y trasladarme con mis hijos, era en verdad un gran compromiso.

En Venezuela, como ya comenté, tenía una vida muy ocupada: siempre fui una mujer productiva, trabajadora y eficiente. Me gustaba la buena calidad de vida y para ello me esforzaba.

Cada uno de mis viajes a Lima requirió aquella logística de dejar todo ordenado en mi entorno, para estar tranquila durante mi ausencia. Yo no estaba acostumbrada a ese ritmo; cualquier viaje se hacía con motivo de las vacaciones escolares de mis hijos, y el resto del año trabajaba. En los viajes a Lima, lo hice por un propósito de vida personal que, por supuesto, incluía a mis hijos.

Mis padres, ante estos viajes tan seguidos, estaban un poco preocupados. A pesar de ello, me brindaron su apoyo. Era así que, en mi ausencia, fiscalizaban mi casa y la atención de mis hijos; mi padre, especialmente, mis negocios. Ellos sabían que se trataba de un proyecto de vida familiar. Siempre tuve unos padres centinelas, protectores y muy generosos conmigo y con mis hermanas. Somos cuatro hermanas y nuestro cordón umbilical jamás fue desprendido.

Mi economía siempre fue estable, debido a mi profesión de abogada, en ejercicio eventualmente, y a mi espíritu empresarial heredado de mi padre. Cuando salí de Venezuela, había tenido cuatro restaurantes; tres habían sido liquidados y uno estaba aún en funcionamiento; cada uno de ellos tenía una historia diferente y bonita. Además, me desempeñé durante cuatro años como docente universitaria en la Facultad de Derecho y Ciencias Políticas de la Universidad Fermín Toro de Barquisimeto (estado Lara), siendo responsable y docente en las cátedras de Derecho Constitucional, Derecho Tributario y Criminología.

Soy una mujer polifacética. Simultáneamente, me dedicaba a negocios extras, que generaban más ingresos a casa. A los 35 años de edad ya había adquirido un auto (todos los autos que tuve antes fueron obsequio de mis generosos padres) y una casa propia para vivir con mis hijos, la cual tenía las comodidades que da una economía estable. Todo esto sin mencionar los viajes y gustos que les podía brindar a mis hijos y a mí misma. Además, contaba con personas muy buenas que atendían mi hogar y mi casa. A ellas, que me ayudaron en la magistral labor de la crianza de mis hijos, las bendigo eternamente y les beso las manos.

Es oportuno comentar que, estando casada por doce años, siempre hice todo sin contar con el apoyo de mi esposo. Él no era ni es un mal hombre, sino el resultado de su equivocada crianza. Solo brindaba amor a sus hijos; del resto me encargaba yo. Conducta típica de un hombre bohemio, solitario, dedicado a la música, e inmerso en un estado de conformidad absoluta. Así es él, y yo le facilité aún más el camino.

Todo lo que hacía, siempre me gustó hacerlo sola, sin la incursión ni la influencia de nadie. Yo era una mujer autosuficiente.

Sé que esto no está bien del todo; sin embargo, así fui yo. Pensaba que mis decisiones y acciones siempre serían certeras.

Si hay alguien a quien, en este momento, no puedo obviar es a mi padre, pues sin él nada de esto hubiese sido posible. Él fue mi motor, mi gasolina y mi respaldo económico para darle apertura al restaurante pionero, y quien me regaló mi primer auto nuevo, y digo primer porque me regaló varios, tanto en mi época de estudiante universitaria, como ya de casada. Gracias a mis padres soy lo que soy; ellos fueron mi respaldo económico en mi formación como abogada y en cualquier emprendimiento que se me ocurría iniciar.

Este padre ejemplar y amado con todas mis fuerzas, un amor que me cala los huesos, fue y es mi ejemplo; yo soy su herencia (a veces dicen que hasta en el carácter) y, como tal, he buscado siempre imitarlo en todo aquello que le dio éxito en la vida. Nos crio, levantó y educó, siendo un empresario de varios rubros: seguros, concesionario de autos, mantenimiento y servicios al Estado, restaurantes y tascas, entre otros.

Sin mayores rasgos mediáticos, mi padre pudo ostentar varios cargos políticos. Yo diría que llevaba la política en sus venas, y el triunfo y la ambición en su mente. Al ser un hombre honesto, sabía que de la política no se serviría jamás. Por ello, incursionó en empresas.

Por él, somos lo que somos mis hermanas, nuestra madre, la reina amada, y yo. Desde nuestra niñez hasta nuestra adultez, jamás tuvimos carencias de ningún tipo; al contrario, en ocasiones hubo excesos en gustos y en complacernos en todo. En el amor y en los valores, junto a mi madre, cumplieron una labor impecable e irreprochable.

Mi padre fue un hombre intachable, correcto y disciplinado, aunque tuvo un carácter fuerte e indomable, producto de ser criado por patriarcas, mis abuelos, en una época en que los duelos de amor eran un acto de honor.

A pesar de lo duro que era, mi padre se rindió ante el amor de Dios, de la Virgen María y de sus cinco mujeres: Naivy, Anaí (yo), Nayrobi y Ada, sus hijas, y de Cenobia, su esposa y madre de las cuatro hijas que, en ese mismo orden, decidieron traer al mundo con gran valentía. Se convirtió en un hombre marianista, fue miembro del Opus Dei y rezaba el rosario a la Virgen María a diario, hasta el día en que la muerte lo sorprendió.

También decidió que su domicilio principal, la hacienda «Las Marías Marianas», fuera una sede de retiros espirituales y de albergue para gente de bien, y así fue hasta su último suspiro. Amén por eso. En «Las Marías Marianas» falleció trágicamente en un accidente doméstico.

En agosto, septiembre y octubre, no viajé a Lima. Durante estos meses, me ocupé en atender y cerrar cualquier asunto concerniente a mi vida personal y a mi trabajo en Venezuela. Aunque estaba físicamente separada de Rodolfo, manteníamos contacto diario.

Al saber que todo estaba planificado y que mi decisión había sido tomada, yo manejaba la distancia con serenidad. Rodolfo no tenía la misma paciencia; siempre estaba en un estado de desesperación, que yo poco entendía. Tratar de darle calma me resultaba casi imposible. Me llamaba insistentemente durante el día, la noche e, incluso, la madrugada. En muchas ocasiones, me hacía preguntas capciosas. Siempre manejé la situación y la relación a distancia con sosiego, justificando en el distanciamiento, la depresión y el exilio, cualquier inseguridad que él me dejara ver.

Tomé la firme decisión de materializar todo lo planificado como consecuencia del reencuentro con Rodolfo e iniciar este proyecto de vida familiar juntos. Me reuní con mi familia: hermanas, cuñados, y padres; y les informé sobre la decisión que, irrevocablemente, había tomado. En principio, todos me dieron su aprobación; luego, en receso emocional, cada quien me dio su percepción, sin pretender ser influyentes en mi determinación.

En Venezuela, comencé a hacer todas las gestiones y pendientes en cuanto a los restaurantes, los bancos, delegar o traspasar responsabilidades legales a otros colegas o vender mi auto. Mi casa fue la gran venta final, días antes de nuestro vuelo a Lima. La compradora fue mi vecina de al lado, quien provenía de una familia italiana, con negocios en la ciudad de Lima, lo que hacía todo más fácil, ya que el pago, previamente acordado en dólares, se podía ejecutar en la ciudad que sería mi destino; es decir, todo estaba saliendo perfecto.

El acuerdo de venta de la casa fue pactado con pago en tres partes. Una inicial del 50 %; luego, un segundo pago de 30% a los tres meses; y un tercer pago equivalente al 20% restante. El último pago se daría una vez que saliera la liberación de la hipoteca y se firmara la venta, a través de mi abogado apoderado. Debido a las gestiones vinculadas a la casa que quedaban pendientes (pago al banco y liberación de hipoteca), dejé a cargo del condicionamiento de pago a una colega y amiga, a quien le otorgué un poder especial notariado.

El primer pago se hizo de inmediato. Una parte se me entregó en efectivo y otra, equivalente a treinta y dos mil dólares americanos, fue girada directamente a la cuenta de mi prometido Rodolfo, ya que, para ese entonces, yo no tenía una cuenta bancaria en Lima. En fin, se trataba de mi futuro esposo; no había motivos para dudar de nada.

El monto total de la venta me lo reservo. Solo puedo acotar que era lo suficiente como para comprar un buen auto y un amplio departamento, y todavía quedaban ahorros como para vivir, al menos, tres años con tranquilidad (todo aquello que implica trasladarse de un país a otro, y no de vacaciones, sino a vivir).

A Rodolfo le informé que el dinero girado a su cuenta sería destinado a la compra de una camioneta, como previamente habíamos acordado. Le pedí que fuera viendo las opciones, para que, a mi llegada, se hiciera la compra.

A lo largo de estos tres meses, la comunicación con Rodolfo era más familiar. Había llamadas constantes a mi padre, a quien, por un vínculo fraternal de familias, conocía desde años atrás. Todo estaba encaminado. Estos meses sirvieron para dar los ajustes finales de una vida en común, basada en los valores que siempre caracterizaron a estas dos familias.

Capítulo 3

Año 2011

Ya todo estaba listo; solo quedaba fijar la fecha del viaje y la compra de los boletos aéreos. También desocupé la casa y busqué dónde guardar los muebles: algunos fueron vendidos; otros, obsequiados a amistades cercanas.

Mis hermanas me prepararon una despedida. También lo hizo mi círculo social de amistades y colegas. A pesar de que era una despedida, nunca hubo tristeza, pues todo era para bien y con retornos eventuales para ver a los míos.

El 19 de noviembre de 2011 se dio el gran viaje. Viajé con mis tres hijos: Mae, Gustavo y Lupe; en ese orden les di la vida. También vinieron la Flaca, nuestra adorada nana y, para mí, una hermana; y nuestra mascota Princesa.

En ese momento final, la despedida fue breve, de modo que no representó más que un hasta luego, pues para mí era eso: solo un hasta luego. De hecho, el plan inmediato era un viaje familiar en el año 2012, o bien ellos vendrían a Lima o yo a Venezuela. Mis padres mostraron un rostro compungido y, la vez, de preocupación; entendí que, tal vez, los acechaba la duda con respecto a mi decisión.

Llegamos a Lima el mismo 19, en un vuelo directo Caracas-Lima. En el aeropuerto Rodolfo aguardaba por nosotros. Nos recibió calurosamente.

Nos desplazamos hasta nuestro nuevo hogar y nos instalamos llenos de gozo y felicidad. El proyecto de vida se estaba iniciando. Para ese entonces, Rodolfo ya había solicitado, ante la

Comisión Especial para Refugiados del Ministerio de Relaciones Exteriores, la reunificación familiar.

La reunificación familiar es uno de los principios de protección de la Agencia de la ONU para los Refugiados (ACNUR) y uno de los derechos que tiene el refugiado de solicitar a su familia en el país de origen, a fin de mantenerse unidos. En su solicitud, Rodolfo alegó una relación de hecho conmigo, un compromiso afectivo con mis hijos y un próximo matrimonio, de modo que, en los meses siguientes, obtuviéramos la condición migratoria de refugiados.

En la primera semana compramos el auto, ya que era necesario para trasladarnos y hacer nuestros pendientes; además sería nuestra herramienta de trabajo. Fuimos, asimismo, a los bancos, pues yo necesitaba abrir una cuenta a mi nombre. Esto, lamentablemente, no fue posible, porque en todos los bancos me solicitaban carnet de extranjería o DNI, y yo solo tenía pasaporte. Visto esto, el dinero que traje en efectivo (dólares) lo deposité en la cuenta bancaria de Rodolfo, donde también había sido girado parte del primer pago de la casa.

Durante mis anteriores viajes, habíamos tomado la decisión de comprar una camioneta Van porque teníamos la facilidad de emprender un trabajo de transporte turístico con Óscar Pérez, un exiliado político. Él ya tenía en funcionamiento una empresa de este rubro y le había brindado la oportunidad a Rodolfo de trabajar con él.

La compra de este auto se haría con mi patrimonio. En ese sentido, yo sería un motor de arranque en la vida de Rodolfo, quien, a raíz de su exilio y de juicios con el gobierno venezolano, había quedado desprovisto de todo. Esto no me preocupaba, ya que seríamos un matrimonio y, en lo sucesivo, él trabajaría de la mano conmigo.

Entonces, el vehículo salió a nombre de mi prometido, quien sí contaba, desde años atrás, con residencia y carnet de extranjería. El costo de la camioneta fue de veintiocho mil dólares americanos; el resto del dinero seguía en la cuenta de Rodolfo y parte de este también se utilizó para el seguro del auto y algunos accesorios para la camioneta.

Una vez comprado el vehículo, conversé con Rodolfo sobre lo que nos informó el concesionario: a través de la notaría se podía hacer el traspaso de propiedad. Yo solo necesitaba sacar en Migraciones un permiso para elevar firmas públicas, pagando un arancel al Banco de la Nación. Genial, todo tenía solución; era solo cuestión de días.

Ya teníamos el auto en nuestro poder. Sin embargo, con el paso de los días, entre una cosa y otra, siempre se aplazaba el traspaso del vehículo.

En diciembre, llegó mi padre a Lima. Antes del viaje, considerando que la familia se separaba por primera vez, decidimos que pasara conmigo y mis hijos las festividades de Navidad y Año Nuevo; mi madre se quedaría en Venezuela con mis hermanas. No recuerdo cuándo llegó ni cuánto tiempo duró su estadía; lo cierto es que, con su visita, mi nuevo hogar fue más feliz aún. Nuestro inicio estaba siendo prometedor.

Mi padre, un hombre cauteloso y protector de su familia, siempre alerta al entorno de todo su núcleo, en algún momento de privacidad me preguntó por la propiedad del vehículo. Le respondí que mantuviera tranquilidad absoluta, que eso se iba a dar sin ningún problema y le expliqué el procedimiento a seguir. Él estaba muy pendiente de mi nuevo hogar; era algo así como un vigilante emocional de su hija y de sus nietos.

También instó a mi prometido a que, los primeros días del nuevo año, por favor traspasara el vehículo a mi nombre, ya que eso era parte del patrimonio de sus nietos y de su hija, quienes estábamos iniciando una vida desde cero en otro país. Rodolfo le respondió: «No se preocupe, don Oswaldo, eso estará listo después de la fiesta de Reyes».

En esos días, hubo algunas reuniones de política y mi padre era quien acompañaba a Rodolfo. También hicimos en casa una parrilla para despedirlo. A esta parrilla asistió parte del exilio político: Manuel Rosales, Carlos Ortega, Óscar Pérez y William Prado. No asistió Eduardo Lapi, que se encontraba en Colombia. Ese día compartimos hasta casi la medianoche. Al finalizar la reunión, mi padre una vez más me dijo: «Hija, me preocupa que no manejes tu dinero. Abrir tu cuenta es urgente. Y no le des largas al traspaso de la camioneta; hazlo lo más pronto posible».

En mis primeros viajes a Lima, ocurrieron algunos hechos a los que no les di la consideración que ameritaban. Si bien llamaron mi atención, los percibí de la misma manera en que percibía las insistentes llamadas de Rodolfo en mi ausencia. Eran hechos que denotaban sus celos e inseguridades. El más grave, hasta ese entonces, fue un episodio de celos en contra de su gran amigo político en el exilio: Manuel Rosales. Al momento de terminar una cena en casa de este último, señaló, sin dudarlo, que Manuel Rosales y yo nos entendíamos a través de nuestras miradas. Por supuesto que esto me lo hizo saber nada más a mí, mediante mensajes de teléfono que allí mismo me envió. Para mi consuelo y como mujer enamorada, pensé que era cuestión de algunas copas de más y justifiqué semejante falta. Ciertamente, el amor me tenía consumida.

Sucedieron otros episodios que, de igual modo, merecían ser observados con madurez y responsabilidad, pero jamás lo hice. Todo lo resolvía a la ligera y con la premisa de que todo se arreglaría con la convivencia. Califiqué estos hechos como inseguridades de Rodolfo debido a la distancia que en aquel entonces nos separaba.

Antes de marcharse, mi padre me advirtió que había percibido algunas actitudes extrañas en mi prometido, por lo cual lo emplazó frontalmente: «Te has traído a mi hija para Lima con propuesta de matrimonio y compromiso afectivo hacia mis nietos; ten cuidado con equivocarte». Mi padre siempre fue autoritario. Yo le di la mayor calma que pude, prometiéndole hacer de su conocimiento cualquier adversidad que pudiera presentarse en mi nuevo proyecto de vida.

Mi padre y mi amada nana, la Flaca, retornaron juntos a Venezuela. Ella solo vino a apoyarme el primer mes de estadía; ese era el acuerdo. El día de su regreso a Venezuela fuimos todos a despedirlos al aeropuerto. Mientras hacían el *check-in* y el resto de gestiones para pasar a la zona de embarque, tomé a mis hijos y a la Flaca, y nos fuimos a dar una vuelta, y mi padre y Rodolfo quedaron solos. Rodolfo aprovechó la ocasión para decirle, con malicia, que tenía un profundo dolor por dentro y que se sentía muy lastimado como hombre, pues había cosas que mi padre desconocía. Le pidió que por favor lo ayudara, ya que por ser yo una hija obediente, lo escucharía y su intervención podría ser fructífera. Ante este escenario, mi padre se desesperó y dudó, incluso, en abordar el avión.

Mi padre no entendió aquellas palabras de Rodolfo; además, sabía perfectamente quiénes eran sus hijas y cómo fueron criadas. Cuando llegué, su cara reflejaba enojo; yo no entendía nada.

Finalmente, como en estado de shock, entró a la zona de embarque, al igual que la Flaca; hubo una despedida muy breve y abrumadora, llena de dudas tanto en el rostro de mi padre como en el mío. Desde la zona de embarque, mi padre me escribió por teléfono celular y me dijo que tenga cuidado con Rodolfo, porque había algunas cosas que no lo terminaban de convencer. Me pedía que no utilizara ropa provocativa en eventos sociales y que tratara de manejar mis redes sociales con recato. Todo esto, con enojo, preocupación e, incluso, desesperación.

Sus últimas líneas fueron: «Me da la impresión de que es un hombre violento, inseguro y celoso. Y presumo, además, que es pícaro y doloso. ¡Ay, hija, me voy muy preocupado! Por favor, ten mucho cuidado».

De inmediato, encaré a Rodolfo, pues, aunque era una mujer enamorada, aún había en mí algo de razonamiento y cordura: «Rodolfo, ¿qué le has dicho a mi papá?». Él solo me respondió: «¿Crees tú que vas a joder mi vida? Cuando tú vas, yo ya estoy regresando infinidades de veces». No entendí nada. Me embargaron los nervios y el llanto al entender el modo en que mi padre abordó aquel avión.

Con enojo, le exigí que me diera las llaves de la camioneta; él se negó rotundamente. Le reclamé que era mi auto; me respondió: «¡Veremos!», exigiéndome que los niños y yo nos embarcáramos con él en el auto para marcharnos a casa. No lo hice.

Yo estaba muy molesta y discutimos bajo la máxima discreción posible, debido a que mis hijos estaban presentes. Tomé un taxi con mis tres pequeños y me fui sola hasta el departamento. Él llegó, aproximadamente, diez minutos después de nosotros. Estaba enfurecido y se expresaba con un tono de voz alto, reclamándome por qué me había venido en un taxi con mis hijos.

Una y otra vez insistía en decirme que eso no era correcto, ya que, con mi actitud, le estaba quitando su autoridad como padre afectivo y que, por ende, los niños le perderían el respeto. Ante este argumento, quedé aún más desorientada.

Aquí, justo aquí, comienza la prueba más difícil de mi vida. A esta prueba la he llamado «un paseo por el infierno de la mano de Dios». Este libro es mi catarsis. Denuncias, revelaciones y redención.

Capítulo 4

Año 2012

En privado, Rodolfo y yo conversamos sobre aquel bochornoso episodio ocurrido en el aeropuerto. Para mí, no había nada que justificara semejante acto; es más, nada me podría convencer. No hubo forma de que me confesara, textualmente, lo que le había dicho a mi padre. Al sentirme fatigada, traté de calmarme, cuidando siempre de que los niños no percibieran nada.

Rodolfo solo aceptó haber cometido un error y, por ello, me ofreció sus disculpas, las cuales estuvieron acompañadas de una ratificación de amor y compromiso. Yo, presa de él y dominando mi rabia, tragué grueso y acepté sus disculpas, aunque no quería ni que me tocara; no toleraba verlo cerca de mí.

En mi mente quedaron las palabras de mi padre: Rodolfo tenía bajo su control mi dinero y mi auto estaba a su nombre. Todo esto me agobiaba y me sentía impotente al no poder reaccionar como era mi naturaleza, pues siempre fui una fiera para defender y cuidar lo mío. Hasta mi exesposo, que nunca aportó nada material en beneficio de mis hijos o del hogar (sus aportes siempre fueron intangibles: amor y atención a sus hijos), al momento del divorcio entendió que lo habido era todo mío, y que lo que él se llevara dependería de mi buena voluntad. Y este hombre, con quien aún no estaba casada, ya me tenía en jaque. Estaba en sus manos y esto me hacía sentir intimidada.

Al día siguiente, Rodolfo me propuso irnos unos días a la playa; exactamente al sur, el lugar que visitamos en nuestros primeros días de novios. Esta propuesta me pareció muy oportuna para limar asperezas. Yo ganaba tiempo a mi favor y un poco de espacio en pro de recuperar lo mío; además, los niños se recrearían. Todo aquello que nos mantuviera juntos, era a mi favor. Todo aquello que nos separara, me llevaba, indefectiblemente, a la pérdida más rápida de lo mío.

Emprendimos el viaje. Todos los gastos fueron cubiertos por mí. Llegamos y nos hospedamos en un hotel de San Bartolo. Los niños estaban felices. El mismo día de la llegada fuimos a la playa y Rodolfo me hizo una escena alarmante. Mientras los niños estaban disfrutando del mar y nosotros permanecíamos acostados en la arena, me dijo: «Te agradeceré que no te metas al mar, y por favor toma». Me entregó una camiseta de él y continuó: «¡Póntela ya! Aquí me vas a respetar y no vas a estar mostrando tetas ni culo». Me quedé muda y obedecí en silencio, con tal de que mis hijos no notaran nada. Estaba desesperada por volver al hotel. A la hora del retorno, alisté a los niños y regresamos. Allí, él asumió una actitud completamente normal, como si no hubiese hecho nada. Su trato hacia mí y hacia mis hijos era de amor total. Internamente, yo me decía: «Rodolfo está demente». Él sabía que yo estaba enojada, pues mi mirada me delataba. Llegó la noche y nos fuimos a descansar.

Al día siguiente, otra vez fuimos a la playa. En esta oportunidad, no me puse ropa de baño; únicamente fui por los niños. Rodolfo no hizo ninguna pregunta al respecto. En la noche, le dije que quería salir a cenar con los niños; él se animó. Llegamos al boulevard de Asia e ingresamos al restaurant elegido; tomamos asiento y pedimos los platos. En el momento que el mesero trae el servicio, Rodolfo se levantó de su asiento y me dijo al oído: «Te gusta ese hombre, ¿verdad?» Yo, con asombro, le respondí: «¿Qué me estás diciendo?». Él señaló a un comensal que estaba sentado en otra mesa y prosiguió, esta vez a viva voz: «Desde que llegamos, estás cruzando miradas con ese hombre. Por eso te sentaste aquí, para quedar al frente de él. Eres una puta». En menos de cinco segundos mis lágrimas brotaron; no podía creer que el hombre que amaba, y por el que había abandonado todo, estuviera refiriéndose y dirigiéndose a mí de tal manera.

Los niños se dieron cuenta de todo. En medio de mi dolor, me levanté sin pronunciar palabra, fui directo al baño y me lavé la cara; de regreso, pasé por la caja y pagué la cuenta de todos los servicios. Volví a la mesa y les ordené a mis hijos, esta vez con autoridad y seriedad absoluta, que se levantaran y vinieran conmigo.

Las llaves de la camioneta estaban sobre la mesa; las tomé y me fui con mis hijos. Él comenzó a caminar detrás de nosotros, tratando de darnos el alcance. Me apresuré; estaba decidida a regresar a Lima con los niños, dejando todo en el hotel. Yo lloraba y, a la vez, sentía mucha rabia.

Rodolfo logró alcanzarme, me tiró de un brazo, me arrancó las llaves de la mano y, con prepotencia, gritó: «¡Vamos, carajo!». Yo me negué a subir a la camioneta y me fui con mis hijos. Busqué a los encargados de seguridad del centro comercial y les pedí que llamaran a la policía con urgencia, porque el señor (lo señalé) me estaba maltratando. Los niños estaban muy nerviosos, pero ninguno lloraba. Cuando seguridad llamó a la policía, era casi medianoche. Entonces, Rodolfo se me acercó y me abrazó; teniéndome así, me dijo al oído: «Dale un alto a esto, de lo contrario te vas arrepentir el resto de tu vida de haber llamado a la policía». Vi los rostros de los niños y, de inmediato, entré en estado de sumisión. Me retracté ante el agente de seguridad, subimos todos a la camioneta y nos fuimos al hotel. La velocidad a la que conducía era de temer; como pude, me pasé a los asientos de atrás y abracé a mis hijos. A Dios gracias, llegamos bien.

Ya en el hotel le dije a Rodolfo: «Hoy mismo nos vamos y no tendré en cuenta tu opinión. Si intentas detenernos, haré un escándalo en el hotel». En realidad, yo estaba muerta de miedo por dentro. Era más de la medianoche y no sabía cómo llevaría a cabo mi retorno a Lima. Él decidió regresar. No sé qué lo movió a hacerlo, si mis palabras, algún temor o algún plan inmediato. El viaje de retorno fue en silencio absoluto.

Por esos días, se aproximaba mi cumpleaños. Él y yo, hasta este entonces, no nos dirigíamos la palabra. Yo esperaba un arrepentimiento de su parte, y que lo hiciera en grande. La iniciativa tenía que venir de él.

El 11 de enero, fecha de mi cumpleaños, Rodolfo intentó, a toda costa, reivindicarse, pues sabía que mi corazón era albergue de dudas y molestias. Con flores, detalles y gran esfuerzo trató de alegrarme el día junto con mis hijos. Sin embargo, su intento no fue tan efectivo. Yo estaba inmensamente preocupada y por mi cabeza pasaba una infinidad de pensamientos y dudas con respecto a la decisión tomada. ¿Había hecho lo correcto al venir a Lima? Eso me atormentaba de forma reiterada. No obstante, yo continuaba poniéndole todas las ganas. También estaba esperanzada en que él reflexionara y que nuestro proyecto retomara su cauce.

Ya para este entonces, en varias oportunidades le había solicitado a Rodolfo el traspaso del auto a mi nombre, y me volví más insistente. En mi interior, había algo que me exigía proteger a mis hijos. Pero él siempre tenía una excusa para no hacerlo.

A finales de febrero e inicios de marzo, comenzaba el año escolar en Lima. El colegio seleccionado para los niños fue María de las Mercedes, en el distrito de Surco. Al momento de la matrícula, yo quedé registrada como madre de familia y él como padre afectivo de mis hijos. A pesar de las dificultades, todo parecía ir mejor o, al menos, así quería verlo yo.

No recuerdo la fecha exacta, pero aproximadamente para mediados de marzo yo recibiría el segundo pago de la venta de mi casa, el cual sería abonado a una cuenta bancaria a mi nombre, en Lima. Se suponía que, para esa fecha, yo tendría ya una cuenta bancaria. No fue así. Insistí en varias entidades bancarias abrir una con mi pasaporte, y en todas ellas mi solicitud fue denegada; solo se permitía con DNI o carnet de extranjería. En la actualidad esto ha cambiado, debido al éxodo proveniente de Venezuela hacia el Perú. Los bancos y otras entidades del Estado han ampliado sus criterios y cambiado normativas.

Dadas las cosas, el segundo pago proveniente de la venta de mi casa también fue girado a la cuenta de mi prometido. En su cuenta bancaria tenía un haber en dólares que, en teoría, era mío. Al recibir este dinero, le pedí que, por favor, me hiciera entrega de la tarjeta de débito bancaria, pero se negó. En toda ocasión me decía: «Cuando necesites, me pides, yo lo retiro y te lo doy». Esto jamás ocurrió. Él manejaba todo lo de la casa.

Los niños, finalmente, iniciaron sus clases. Mientras estaban en el colegio, en el horario de 7 a 3, yo procuraba tener con Rodolfo diálogos basados en nuestros planes, con la intención de llevarlos a la realidad. Pensaba que, si en algún momento él había perdido el rumbo de los planes, su subconsciente lo traería de vuelta. Estos diálogos se daban durante la semana; conversábamos con absoluta seriedad sobre nuestro proyecto, viendo formas de trabajo y otros aspectos.

En principio, pensamos en servirnos del auto, puesto que era una camioneta Van H1 Hyundai, que perfectamente podría servir para turismo. Esta opción había sido antes conversada con un político venezolano: Óscar Pérez, exiliado también junto con su familia y perseguido por el régimen de Hugo Chávez. Óscar Pérez, como antes mencioné, tenía una agencia de turismo y servicio de transporte turístico: Galápago Tours

Durante los primeros días de clases y hasta aproximadamente el 30 de marzo, viví momentos de frecuentes dificultades y diferencias. Una noche, estábamos invitados a casa de Manuel Rosales. Nos alistamos y, justo cuando salíamos, al verme arreglada, me dijo: «Mejor no vamos a ningún lado; quítate la ropa ya». Nunca le discutí ni le llevé la contra a sus actitudes; ya para ese entonces, y con los precedentes ocurridos, prefería ser obediente y llevar todo en paz, hasta que se diera, por lo menos, el traspaso de la camioneta a mi nombre y recuperara mi dinero. Entonces, me desvestí y me alisté para dormir. La ropa que me puse esa noche la encontré quemada en una bolsa, días después.

Yo estaba impactada; no conocía a este Rodolfo. Él había escondido muy bien su identidad o tenía un trastorno que yo desconocía. No podía existir otra explicación. Sus actitudes eran psicóticas y agresivas. Y lo que más me extrañaba era que, después de hacerlo, su actitud era normal, como si nada hubiera pasado.

En otra oportunidad, cuando estaba mi padre acá, salimos a dar un paseo turístico por la Huaca Pucllana, y recuerdo que me detuve en el recorrido turístico para hacerle cariño a un perrito de raza peruana. Él se detuvo a esperarme; cuando yo me dispuse a seguir caminando, ya mi padre nos llevaba ventaja en la caminata junto a mis hijos. Rodolfo se me acercó y me dijo:

«¿Te quieres coger a ese hombre?», refiriéndose al cuidador del perrito. Yo me enojé mucho y avancé para alcanzar a mi padre.

Me mantuve callada, porque era imposible contarle esa barbaridad a mi padre; si lo hacía, podría ocurrir algo grave. Mi padre no se medía cuando se trataba de defender a sus mujeres. Así que preferí callar y, en privado, hacer el reclamo correspondiente, siempre sumisa. Cada queja o pregunta a Rodolfo, siempre estaba cargada de sumisión. Ya vivía con temores inmensos.

En una oportunidad, estando yo sola en el departamento, me dispuse a investigar un poco, así que comencé a revisar su escritorio, donde él solía trabajar y escribir algunas notas de prensa, mientras estaba en casa. Dentro de muchas otras cosas, encontré notas en una agenda. Estas notas tenían fecha del año en que yo viajé constantemente a visitarlo. En ellas escribía cosas como «preguntarle a Anaí qué hizo tal día y a tal hora», «cuando me diga que va a hacer tal cosa, debo pedirle una foto de lo que está haciendo», «comenzar desde ya a investigar la clave de su correo», «cuando llegue a Lima hacerle tal y tal pregunta, para ver si las respuestas son iguales a las que me dio tal día», «estar atento a las miradas que cruce con Manuel Rosales y Eduardo Lapi». Y así como estas, muchas cosas más me fueron alertando e incrementando mi temor hacia Rodolfo.

En algún momento en que organizaba nuestra habitación, encontré debajo del colchón unas pastillas. Sin demora, investigué, encontrando que eran indicadas para pacientes psiquiátricos. Lo abordé y me dijo que se había sentido deprimido y se las habían recetado, pero que muy poco las tomaba, solo cuando era necesario; después de responder, lloró. Sus lágrimas no me conmovieron en lo absoluto.

Ya en mi mente y en mi racionalidad tenía claro que ninguna escena era de celos, sino que Rodolfo quería asegurarse de que sus planes fueran ejecutados. En caso de que yo me fijara o enamorara de otro hombre, él estaría perdiendo espacio y se vería en la obligación de cambiar sus planes bajo otro contexto. Así, no solo tendría que enfrentarme a mí, sino también al otro hombre. Él tenía que evitar este escenario de cualquier manera y el modo que empleó fue simular celos.

Le insistí una vez más el traspaso de la camioneta, ahora con autoridad y emplazo. Esto desencadenó una terrible discusión y frontalmente me dijo que no lo haría. No conforme, me amenazó con los hechos más bajos que un ser humano pudiera utilizar contra otro. La amenaza, como tal, no me inquietaba mucho, pero sí sus artimañas y suposiciones tan fuera de toda realidad.

Desde ese momento, Rodolfo comenzó a utilizar en mi contra una intimidad imaginaria que había tenido conmigo. Todo era producto de su mente retorcida y asquerosa. Me chantajeaba e, incluso, llegó a extorsionarme. Este mismo día, tomó mi teléfono y me dijo: «Si haces algo, difamándome con la propiedad de la camioneta, llamaré a tu tío y le diré que hicimos esto».

Llegó a hacer cosas más bajas aún. Allí me di cuenta de que estaba frente a una persona malvada. Nunca fue un paciente psiquiátrico. Siempre fue un hombre malvado, en todos los sentidos.

Ese día, caminando por toda la casa, dijo cosas como: «te drogas conmigo», «hicimos un trío sexual y te gustó tanto que me pediste repetirlo», «fumas no solo cigarrillo, sino también marihuana», «¿qué pasaría si le digo a don Oswaldo (mi padre) estas cosas y además a toda la familia?; como mínimo, don Oswaldo muere, porque sufre del corazón».

Fue a buscar lápiz y papel y con su teléfono en la mano, insistió: «Es más, ya voy a ir redactando el mensaje que pasaré». En esa oportunidad, no resistí y grité con todas las fuerzas de mi alma: «¡Estás loco! ¡Eres un miserable, ladrón, oportunista y, de paso, sádico y mitómano! ¡¿Qué clase de ser parió tu madre?!» Yo lloraba, desesperada e impotente.

Ese mismo día, quise comunicarme con mis padres o con mis hermanas, y no lo pude hacer. Mientras yo me duchaba, Rodolfo tomó mi celular y me mantuvo incomunicada durante tres días, sin comida y bajo el mayor nivel de maltrato psicológico que una persona pueda sufrir. Varias veces forcejeamos por mi teléfono, ocasionándome moretones en mi cuerpo, ya que su fuerza era superior a la mía.

Mi pulso y mis temblores generalizados eran tales, que todo lo que yo tomaba en mis manos caía al suelo; ni un vaso de agua podía sostener. ¡Ese hombre me tenía en coacción total! Incluso, durante esos días comencé a formar aftas en mis labios y dentro de mi boca. Mi vida y la de mis hijos estaban en las manos de un delincuente.

Cuando se aproximaba la llegada de los niños del colegio, él me decía: «Les dices que te caíste o ve qué circunstancias les inventas, pero si hablas, te irá muy mal». Llegada la noche, yo solo podía alimentar a mis hijos con lo poco que él me daba. El dinero estaba bajo su control absoluto.

Luego de que los niños se dormían, obligatoriamente tenía que acostarme con él. En la cama comenzaba la tortura de nuevo. Sus palabras eran: «¿Jamás te imaginaste esto?», «¿te crees muy astuta?», «¡eres una puta!», «¿con cuántos hombres te has acostado?», «¿te has acostado con alguno de tus cuñados?», «¿te quieres drogar conmigo?», «¿quieres que llamemos a X (refiriéndose a la señora que nos hacía limpieza), para que tengamos sexo los tres?, ¿o mejor un trío con X (la hija de un exiliado acá en Lima)?». Incluso llegó a vincularme sexualmente con otros miembros de mi familia. Rodolfo era un depravado, ¡un enfermo! Jamás ocurrió nada de esto.

Las noches eran un infierno. Él terminaba abusando de mí. Le complacía verme llorando en esos momentos donde él era el único dueño de mi vida y de mi cuerpo. Y así transcurrieron muchos días y muchas noches. Lo que más anhelaba era que pronto amaneciera, para que mis hijos se fueran al colegio. Mientras menos horas pasaran en casa, estarían en menor riesgo.

Cuando Rodolfo se iba a la calle, me dejaba encerrada en el departamento, totalmente incomunicada. Cada gesto de él siempre era acompañado de una sonrisa de sarcasmo. Lo único que yo hacía era llorar desesperadamente. Para este entonces, mi peso era 50 kilos, con una talla de 1,65 cm.

Un sábado por la mañana, cuando él se despertó, me hice la dormida. Para esto, yo tenía días contando el tiempo que él tardaba en la ducha. Ese día, al sentir que se abrió la ducha, me levanté lo más rápido que pude; busqué mi teléfono celular y lo encontré. Ya no me importaba lo que sucediera, pues tenía en mis manos el teléfono. En silencio absoluto, me metí en la habitación con mis hijos y puse seguro en la puerta. Los desperté y les dije que las cosas no estaban bien, pero que mamá las iba a resolver.

Llamé por teléfono a familiares de él en Venezuela, que enseguida me atendieron. Di mi primer grito de auxilio: la persona al otro lado del teléfono realmente quería socorrerme; lo sé. Sin embargo, no pudo hacerlo. Rodolfo salió de la ducha y se percató de todo. Empezó a patear la puerta y a gritar obscenidades dirigidas a mí: les decía a mis hijos cualquier cantidad de infamias y, estando del otro lado de la puerta, comenzó a mencionar el nombre de mi hija menor y le decía: «Por culpa de tu mami me voy a matar con este veneno de ratas que tengo aquí». María Guadalupe era muy pequeña y poco entendía lo que estaba sucediendo. Sin embargo, mis otros dos hijos, Mae y Gustavo, entraron en pánico y me pidieron que le abriera la puerta. Todos llorábamos aterrados. Para este momento, Mae tenía catorce años; Gustavo, trece años; y María Guadalupe, seis años.

Rodolfo logró abrir la puerta y se me vino encima. Me golpeó, haciéndome una herida en la boca y me despojó del teléfono. Todo quedó así: yo herida y los niños aterrados, encerrados los cuatro en la habitación. En horas de la tarde abrió la puerta y me permitió cocinar para mis hijos, ordenándome que a él también le sirviera. Todo lo que él me ordenaba, yo lo hacía con gran cuidado de no equivocarme. A toda costa evitaba que mis hijos percibieran la magnitud de los problemas.

El domingo fue un día espantoso. Varias veces le supliqué que me devolviera mi teléfono, pero era como si no hablara con él. Mis hijos y yo pasamos encerrados todo el día.

El día lunes llegó la movilidad a buscar a mis hijos para ir al colegio. Él bajó y los entregó. No permitía que yo lo hiciera. Sin embargo, aproveché para buscar nuevamente el teléfono. Esta vez tuve mayor suerte: encontré el teléfono y las llaves del auto.

Cuando subió, yo me hice la dormida. Como de costumbre, él se metió a la ducha; apenas escuché el ruido del agua, tomé a Princesa, nuestra perrita, y, no sé cómo, logré salir del departamento con el teléfono y las llaves. Llegué lo más rápido que pude al estacionamiento, prendí la camioneta y me escapé. Mi cuerpo temblaba desde los pies hasta la cabeza cuando me vi fuera del estacionamiento. Comencé a llorar desesperada; conducía sin rumbo, pero con la tranquilidad de que mis hijos estaban en el colegio y que tenía esas horas a mi favor.

Ya alejada de la zona, me estacioné, llamé a la policía y les di mi ubicación. Mientras yo les explicaba dónde estaba, la operadora me daba calma, diciéndome que me mantuviera dentro del auto sin bajar las ventanas y que encendiera mis luces intermitentes. A su vez, me pidió las características del vehículo. En cuestión de seis minutos, que me parecieron eternos, fui abordada por varios efectivos que llegaron en una patrulla y una moto. Cuando se acercaron y me tocaron la ventana, yo no reaccionaba, no respondía. Cuando salí del auto, recuerdo que la primera pregunta que me hicieron fue: «¿Está usted bien o necesita ir a un médico?». Mi rostro tenía un hematoma y mi boca estaba rota del golpe recibido el día sábado.

En ese instante, mi teléfono timbró. Era Manuel Rosales, un alto político y cabeza del exilio. Le atendí y le relaté lo que estaba aconteciendo. Él ya había recibido una llamada de Rodolfo, alertándolo y diciéndole que yo, posiblemente, podría dar algunas declaraciones que perjudicarían a todo el exilio político venezolano. Esto lo hizo sin darle mayor explicación a Manuel Rosales, quien me llamó directamente para escuchar mi verdad. Al saber todo lo ocurrido, me dijo que él se encargaría y mandó al sitio donde yo estaba a otro político exiliado, William Prado, quien llegó luego de una media hora. Habló él con las autoridades; no sé qué pudo decirles, pero se retiraron, tras hacer el parte correspondiente.

Yo seguía en shock; mi estado era crítico. William Prado me dijo para ir al departamento y que él se ocuparía de Rodolfo, y así lo hicimos. Llegamos y Rodolfo estaba abajo; también se encontraba Manuel Rosales. Ellos no permitieron que Rodolfo se me acercara. Rodolfo respetaba lo que Manuel Rosales le dijera, pues era la autoridad mayor del exilio en Lima. Mientras hablaban, yo subí, coloqué ropa en un maletín y bajé. Sin despedirme, volví a subir a mi camioneta. Cuando la encendía, Rodolfo llegó por la ventana derecha, la del copiloto, y comenzó a golpear el vidrio. Trataron de separarlo, pero él insistía. En estas condiciones, arranqué el auto y Rodolfo tuvo un traspié. Yo avancé y lo vi por el retrovisor: sin mayor esfuerzo, se repuso y se incorporó a conversar con los dos políticos allí presentes.

Todo el exilio político en Lima estaba enterado de lo sucedido. William Prado llamó a su esposa y la puso al tanto de mi grave problema. Ella, Yetsy Lissette, era mi amiga. Conjuntamente, me ofrecieron todo el apoyo para mis hijos y para mí: techo y alimentación. Era bastante; todo lo que en ese momento necesitaba. Me dirigí directamente a su casa, donde Yetsy Lissette me estaba esperando. Me recibió con los brazos abiertos. Recuerdo que me preparó una sopa muy nutritiva que con esfuerzo la tomé porque, a pesar de que llevaba casi cuatro días sin comer, no tenía apetito.

Un poco más calmada, lo primero que hice fue llamar al colegio y alertarlos, pues Rodolfo estaba registrado como padre afectivo de mis hijos. No quería que, bajo ninguna circunstancia, se los entregaran a él. Igualmente, me comuniqué con la persona a cargo de la movilidad escolar y le informé que, a partir de ese día, los niños debían ser retirados y entregados en otro domicilio. Aproveché para pedirle, sin entrar en pormenores, que jamás entregara los niños a Rodolfo.

Estando en casa de Yetsy Lissette y William Prado, por fin pude tener contacto con mi familia. Esa misma noche hicimos una videollamada. Preferí contarles solo las consecuencias y no los antecedentes. Ya sabían que me encontraba en otra casa, a salvo, con mis hijos.

Esos días hicieron estragos en mi salud. Tuve una gripe muy fuerte, con fiebre, que desencadenó una crisis asmática. Necesitaba ir a un médico urgente, pero no contaba con dinero.

Al día siguiente, llegaba a Lima Carlos Ortega, procedente de Colombia. Él era un alto político venezolano y uno de los promotores del paro petrolero más grande de la historia de Venezuela, realizado en los años 2002 y 2003. Desde el 2001, tras unos comicios polémicos, era el máximo líder de la Confederación de Trabajadores de Venezuela (CTV), el sindicato más importante de Venezuela. Además, era residente y exiliado en Lima, pero por motivos políticos había viajado a Colombia, y ese día era su retorno. Estando aún en el aeropuerto El Dorado, de Bogotá, Carlos Ortega se enteró de los hechos y, al aterrizar en Lima, se comunicó de inmediato conmigo, dándome su total solidaridad, pues no solamente él, sino todo el exilio político, me conocía desde antes y sabía perfectamente, y con detalles, todo lo que yo había apostado y hecho por mi proyecto de vida. Más allá de eso, conocían la situación económica de Rodolfo, la cual estaba muy mermada y crítica.

Al llegar a Lima, este político se trasladó adonde yo me encontraba, casa de quienes también eran sus amigos. Todo el exilio, en ese momento, era un equipo fuerte y unido. Carlos Ortega respaldó los gastos económicos que yo demandaba debido a mi salud. En breve, fui asistida y atendida por un médico.

Como mi familia ya sabía todo lo que me estaba pasando, comenzamos a analizar bien cuáles eran mis posibilidades para resolver mis terribles problemas. Todos coincidimos en que lo primero era rescatar mi patrimonio, tanto el dinero como el auto. El auto seguía en mi poder, pero legalmente le pertenecía a Rodolfo.

Todos los políticos venezolanos exiliados en Lima, sin excepción, le hicieron varios llamados a la cordura y a la racionalidad, exhortándolo a actuar basándose en la única verdad conocida por todos: la honestidad. En consecuencia, él estaría obligado a firmar el traspaso de la camioneta y a devolverme el dinero que tenía en su cuenta. Todos estábamos a la espera de su proceder; realmente mi corazón guardaba la esperanza de una reivindicación que jamás ocurrió. Y el traspaso de los documentos del vehículo nunca se hizo.

Pese a este infierno, había algo en mí que hasta ese momento yo no podía entender, pero en el fondo yo quería que todo se arreglara y que mi proyecto de vida triunfara. ¿Qué era aquello que yo no podía distinguir? El hecho de no saber si en mí había aún amor, o era miedo a perderlo todo y quedar en cero.

Todos los escenarios en el caso de que Rodolfo no reflexionara, que pasaban por mi cabeza, eran aterradores y me provocaban angustia, miedo y un llanto incontrolable. Un solo escenario lograba darme esperanza: su arrepentimiento y poder continuar nuestra relación. En esas condiciones, y hasta ese momento, no había considerado la posibilidad de retornar a mi país. Regresar estafada y fracasada era algo inconcebible para mí. Por orgullo y dignidad no quería exponer mi infortunio ante toda la sociedad y ante mi familia. Rechazaba rotundamente admitir que todo me había salido mal.

En casa de William Prado y Yetsy Lissette, a quienes bendigo eternamente, mis hijos y yo nos alojamos cerca de diez días, durante los cuales ocurrió lo inimaginable: Rodolfo, en lugar de considerar las acertadas y justas recomendaciones de los que hasta entonces eran sus compañeros y amigos de política y exilio, y aplicar la moral y los valores, hizo todo lo contrario. Y es que, en efecto, cada quien tiene una esencia, un yo interno que es realmente lo que se es, no importa de qué familia provenga, dónde creció o cómo fue criada una persona. Existen muchos casos de personas provenientes de hogares honorables, con ética, valores y principios, que se convierten en una vergüenza para su familia. El caso de Rodolfo es, justamente, uno de estos.

El seno familiar paterno de Rodolfo es de gente honorable, de conducta intachable y con una carrera impecable, que jamás se vio envuelto en situaciones mediáticas de ninguna índole, ni controversias de ningún tipo. Su padre y la actual esposa de este, quien también viene de una familia respetable, son una institución ejemplar de la sociedad. Para ellos, mi total respeto. Ambos están al margen de esta historia. Si hubo alguna intervención de su parte, fue siempre haciendo un llamado a la conciencia de Rodolfo. Nunca dependió de ellos la conducta delictiva de Rodolfo. Él es el único responsable de sus delitos y de sus faltas morales.

Como era su costumbre, una vez más Rodolfo puso en evidencia su voluntad de enriquecerse a costa de los demás y se atrevió a denunciarme por hurto del vehículo. Además de todo esto, en su declaración alegó que yo padecía de trastornos mentales y que era un riesgo el hecho de que yo conduzca bajo efectos de medicamentos psicotrópicos. ¡Dios, yo no podía creer semejante hecho! De ser la víctima, pasé a ser la victimaria. Por supuesto que toda esta mendacidad y artimaña de sus alegatos quedó desvirtuada.

No tuve más remedio que entregarle mi auto, pues, legalmente, él era el propietario. Ahora yo había perdido mi dinero y mi auto. El escenario de mi futuro se veía incierto y oscuro. Además, lejos de mi familia. No teníamos ni cinco meses en Lima y ya todo estaba acabado.

Al poco tiempo, él dio otra estocada y se atrevió a enviar al colegio un correo en el cual manifestaba que yo era una madre irresponsable y que, lamentablemente, al no ser el padre biológico de mis hijos, no podía salvarlos. Les pedía de todo corazón que velaran por la seguridad de los niños, y que él ya no podría hacerse cargo de los pagos, porque yo, de manera fraudulenta, lo había dejado sin dinero; además decía que yo estaba involucrada con dos padres de familia del colegio. Acto seguido, mandó una carta en físico a la directiva del colegio, explicando que ya no era responsable ni de los niños ni del pago, ya que yo lo había abandonado. Por tal motivo, la reunificación familiar solicitada ante el Ministerio de Relaciones Exteriores (MRE), por petición de él, también quedó sin efecto.

Este delincuente, además de cometer los delitos de enriquecimiento sin causa, apropiación ilícita, privación ilegítima de la libertad, abuso psicológico y moral, violencia física y sexual contra mi persona, así como violencia psicológica y privación ilegítima de la libertad a menores, estaba incurriendo en el delito de difamación e injuria. Esto, sin mencionar la coacción, las amenazas y los chantajes con los que me manejaba. ¡Yo no podía creer todo aquello!

Para abatirme más, me hizo llegar la copia de un oficio que él mismo había presentado ante la Comisión Especial para los Refugiados en el MRE. En este documento, solicitaba que de inmediato se dejara sin efecto la diligencia de reunificación familiar y que el proceso se diera por concluido, en vista de que, por diferencias en la relación, el proyecto familiar no se llevaría a cabo.

Puesto que él era el solicitante de este beneficio, tenía la potestad de hacer lo que hizo. No solo nos dejó en la calle, nos despojó de todo y nos violentó: también nos colocó en una condición migratoria ilegal, al desamparo de toda ley. Por supuesto que esta acción tenía una intención solapada: verme obligada a retornar a Venezuela en los próximos días. Permanecer como ilegal en el Perú me estaba causando, diariamente, una multa con el Estado. Antes de que esta cantidad fuera mayor, era preferible retornar. Es decir, planificó todo muy bien: me conquistó; me invitó a Lima las veces que fueron necesarias; simuló una planificación familiar; y una vez con el dinero en su cuenta y el auto a su nombre, suspendió el proceso legal de reunificación familiar, dejándome como única opción regresar sin nada, y quedándose en Lima con todas las comodidades proporcionadas por mis finanzas. Este hombre actuó con premeditación y alevosía; todo lo que hizo fue fríamente calculado. Sin duda, el plan perfecto.

En principio, decidí enfrentar la situación: mis hijos ya estaban matriculados en el colegio y en Venezuela había quedado sin bienes. Mi lucha estaba en Lima. Internamente sentía soberbia. Mi dignidad había sido ultrajada y mi orgullo estaba hecho pedazos. No obstante, a costa del precio que fuera, prefería quedarme en Lima. Regresar a Venezuela era doblegarme ante una dificultad, y ello no estaba dentro de mis consideraciones. ¿Regresar derrotada a Venezuela? No era una opción. Tenía que pelear por lo mío, y estaba dispuesta a todo. Resignarme no estaba previsto. Mi familia, ya en conocimiento de esto, acordó darme la ayuda necesaria para iniciar la batalla legal. Cuando digo en conocimiento, me refiero únicamente al fraude; cualquier violencia física y psicológica siempre la callé.

Mi cuñado Kaduo, esposo de mi hermana Nayrobi, me envió el dinero necesario para alquilar un departamento con un adelanto de seis meses, amoblarlo con lo imprescindible, comprar comida suficiente y dar comienzo a las gestiones legales correspondientes. Teniendo esto asegurado, en medio de aquella pesadilla saqué fuerzas de donde no tenía. Dentro de todo, comenzaría a dar la batalla, al menos en un techo, con comida, con los niños estudiando y al amparo de un estudio de abogados.

Busqué departamento. Esto me llevó cerca de dos o tres días. Arturo Bonet, amigo y chofer de Eduardo Lapi, que también era mi amigo, me prestó su colaboración, trasladándome. Para finales de marzo, nos instalamos en el nuevo departamento, ubicado en el distrito de Surco.

Mis hijos continuaron en el colegio María de las Mercedes, donde conocí a una profesional de psicopedagogía, Sofia Añorga, una señora dulce y amable, que atendió a mi hijo Gustavo, quien demandaba apoyo extraacadémico. A ella le conté mis problemas y también le pedí orientación de estudios de abogados. Me dijo que, justamente, su hermano pertenecía a un estudio de abogados.

Enseguida fui a la oficina indicada. Allí me recibió el abogado William Idiáquez, colega del hermano de Sofia Añorga. En este estudio expuse todos los acontecimientos y ellos fueron sumamente receptivos. Como abogada, sabía que la labor era ardua, pero muy factible de éxito. Yo tenía todas las pruebas para demostrar la veracidad de mis acusaciones. Previo acuerdo de honorarios e ilustración de todos los hechos, recaudé toda la documentación requerida e iniciamos el proceso. En principio, se acordó intentar un acuerdo extrajudicial por medio de una sala de conciliaciones mutuas. Esta conciliación se fijó para el 3 de abril bajo la solicitud «Indemnización por enriquecimiento sin causa». Rodolfo no asistió y se hizo una nueva convocatoria para el 20 del mismo mes.

En vista de que Rodolfo no asistió a la primera citación, yo me inquieté pensando que podía irse del país, ya sea definitiva o temporalmente. En su condición migratoria de refugiado político, previa solicitud y aprobación de la Comisión Especial para los Refugiados, él podía viajar, alegando el motivo de su viaje, fecha de salida y fecha de retorno. El 12 de abril recibí un mensaje de Rodolfo; era su primer contacto desde los incidentes. En este mensaje me mandaba una foto de él sentado en la butaca de un avión, acompañado de una mujer, a quien pude identificar plenamente como su expareja. En la foto se apreciaba que él tomaba con su mano un rosario de oro que traía puesto, el cual era una joya de mi hija Mae, regalada por sus abuelos antes de salir de Venezuela. El mensaje rezaba: «Lo siento, no estaré para tu citación, pero regreso para la próxima. Te doy chance de que te compres unas alpargatas, porque te voy a hacer bailar joropo (frase típica de mi país). Me voy a relajar a un spa y a hacer un poco de turismo. Hija del diablo, te jodiste. Prepárate porque ahora quien tiene el poder del dinero soy yo. Y no olvides que en pocos días debes irte del Perú, porque al yo suspender el proceso de reunificación familiar, tu condición migratoria es ilegal y no tendrás cómo pagar la multa diaria que acarrea esta situación».

¡Mi inquietud había sido corroborada! Hizo todo el trámite ante el organismo competente y viajó. Me quedé muda y un escalofrío recorrió mi cuerpo completo. Comencé a hiperventilar, llorar y gritar. Este viaje en compañía de su ex estaba siendo cubierto totalmente con mi patrimonio. Yo entré en una desesperación desmedida. Por segundos tomaba conciencia y por segundos tenía reacciones de impotencia.

De inmediato, me comuniqué con los abogados y les informé sobre el mensaje de Rodolfo. Me citaron al día siguiente. En la reunión, preparamos una coartada: solicitar ante el organismo competente una medida para que, al menos, se prohibiera la circulación del vehículo. Estábamos frente a un delincuente capaz de todo.

El primer paso fue dirigirnos a la Superintendencia Nacional de los Registros Públicos (Sunarp), y verificar que la camioneta aún estuviera a nombre de Rodolfo. Solo así podíamos solicitar la medida de no circulación hasta que terminara el proceso, o hasta que se diera la oportunidad legal para ejercer esta medida. Hicimos la diligencia. El resultado fue desalentador: la camioneta había sido vendida, y esta venta era absolutamente legal, en primera instancia. Hasta que yo no demostrara que se había cometido un delito, esa venta no se podía impugnar.

Saber esto fue terrible y, cada día que pasaba, la situación era más crítica. Sentía que mi vida se apagaba de a pocos. Estaba frente a un delincuente de cuello blanco, además de vividor, canalla y perverso. Como abogada y frente a todos los hechos, sabía que ahora estaba frente a uno de los casos legales más difíciles de mi vida. ¿Por qué tan difícil? Porque, en este caso, confluyeron el poder político y el crimen organizado. El escenario era incierto. Cualquier cosa podía pasar. Bastaba con que él no regresara o que regresara y, al verse desarmado, buscara una salida ilegal del país, ingresara a Venezuela y negociara con el régimen. Si eso sucedía, mi esperanza se esfumaba: perdía toda posibilidad de recuperar lo perdido, pero, sobre todas las cosas, perdía la oportunidad de condenar a un culpable por un crimen atroz contra una familia a la que, conscientemente, intentó matar, dejando moribunda, sin tener siquiera compasión por la presencia de tres niños.

Después de hacer la diligencia de la Sunarp, debía verificar si, efectivamente, Rodolfo había salido del país, ya que podía tratarse de un viaje nacional o de alguna burla de él. Por ello, se solicitó su movimiento migratorio y, así, quedó evidenciado que Rodolfo había salido del país con destino a Colombia. Ese viaje lo hizo legalmente, bajo autorización de la Comisión Especial para los Refugiados, pues todos los procesos judiciales estaban muy recientes y las medidas no habían sido tomadas aún. Hasta ese entonces no se había demostrado la comisión de un delito y, por ende, no se había dado la medida de prohibición de salida del país.

En este trance, mi padre me comunicó que llegaría a Lima; decisión que tomó en vista de mis difíciles circunstancias. Llegó entre el 12 y el 15 de abril. Vino a verificar el inicio del proceso judicial; a constatar las condiciones físicas y emocionales de su hija y nietos; a darme más apoyo económico; y a compartir un almuerzo con ocasión de los quince años de su nieta Mae, quien los cumplió el 16 de abril.

Mi padre también vino con la decisión plena de buscar a Rodolfo personalmente y resolver el problema a su manera. Yo tenía cierto temor, no por la forma en que lo podría resolver, sino por su salud, ya que era hipertenso y sufría de una cardiopatía aguda y severa. Mi padre estaba furioso y dolido. Siempre se mantuvo a mi lado y, además, me ratificaba constantemente que no me rindiera y que llegara hasta las últimas consecuencias. Cuando se propuso buscar a Rodolfo, le conté que él había llevado a cabo una coartada al salir del país. A mi padre le entró una cólera desmedida. Lo vi llorar durante todas las noches de su estadía.

Al partir a Venezuela, mi padre se despidió de nosotros lleno de amor. Nos dio un abrazo cargado de sentimiento y un Dios me los bendiga. Todos estábamos con lágrimas en los ojos. Transcurrieron ocho años hasta que volví a ver a mi padre.

En medio de aquel ocaso, yo aún podía tomar decisiones sensatas y razonar algunos temas. En ese sentido, tomé acciones en cuanto a la condición migratoria de mis hijos y la mía. Redacté un oficio exponiendo toda la verdad de los hechos y de las intenciones fraudulentas de Rodolfo. Asimismo, expuse cuál era su verdadera intención al solicitar que se suspendiera el proceso de reunificación familiar, y solicité para mis hijos y para mí la condición de refugiada. Entre otras cosas, en mi petitorio mencioné mi incursión en algunos eventos políticos contrarios al régimen, mi vinculación con todo el exilio venezolano y el estado de vulnerabilidad en que me encontraba.

Presenté mi solicitud ante la Comisión Especial para los Refugiados y la Agencia de la ONU para los Refugiados (ACNUR), que promueve la protección de derechos humanos y ayuda a millones de personas alrededor del mundo, obligadas a dejar su país para proteger su vida. Mi oficio estuvo listo el 24 de abril. Cuando los niños se fueron al colegio, me dirigí al Ministerio de Relaciones Exteriores (MRE) a entregar mi petitorio, que fue admitido. A los pocos días, fui citada por este organismo junto con mis hijos. El día señalado nos presentamos y pasamos por una serie de formalidades: entrevistas y cuestionarios.

A partir del momento en que yo solicité refugio, nuestra condición migratoria estuvo dentro del marco legal. El mismo día de la solicitud se nos entregaron carnets a cada uno, con condición migratoria «Solicitante de refugio». Si mi petitorio era denegado, yo podría apelar hasta tres veces. Con fe tocaba esperar la decisión y mientras los días transcurrían, yo debía continuar mi lucha contra Rodolfo.

El proceso legal contra Rodolfo seguía su curso. Él fue notificado en la dirección del departamento donde convivimos. A pesar de que tuvo conocimiento, como pude constatar, no se dio por notificado y viajó a Colombia.

Entonces, se hizo una segunda notificación y citación. El abogado decidió que se hiciera, por medio del MRE, ante la Comisión Especial para los Refugiados. Esto enfureció a Rodolfo, debido a que su condición de refugiado se podía ver amenazada o, al menos, su honor y conducta quedarían con un precedente. Sin embargo, a esta segunda citación tampoco asistió.

Vista la actitud de este delincuente, el despacho de abogados me expuso que, en lugar de resolver por vía extrajudicial, la controversia debía ir directo a un proceso judicial. En estas circunstancias, todo cambiaba y eran otros honorarios, otros plazos y términos legales. En fin, la solución se veía cada vez más lejos.

El estudio de abogados me remitió con otro equipo de profesionales y se decidió interponer, ante la fiscalía correspondiente, una denuncia penal por la comisión del delito de apropiación ilícita. Esta acción se llevó a cabo y Rodolfo fue denunciado ante la fiscalía. Al enterarse de esto, inició un ataque contra mi persona: llamadas, correos, mensajes y amenazas; más de lo mismo. Sus llamadas eran a cualquier hora del día, incluyendo madrugadas. Llamaba hasta a mis hijos y los acosaba; les decía cualquier cantidad de descréditos y calumnias sobre mí.

Recibí infinidad de mensajes siempre refiriéndose a mí con el adjetivo de «puta». Algunos ejemplos: «¿Te acostaste con todos los abogados?» o «¿Hiciste una fiesta de sexo con ellos? Solo así pudiste haberles pagado para que te asistieran. ¡Te encanta mostrarles las tetas a los hombres!».

Como él quedó registrado como padre afecto de mis hijos, la directora del colegio lo incorporó en el correo de padres de familia, a fin de tener una comunicación efectiva en lo que respecta a las asignaciones y tareas de los niños, así como orientación y asesoría para los padres de familia. Rodolfo, tan protervo e infame, envió correo a todos los padres de los salones de mis hijos, indicando que en el colegio había una madre que era ninfómana y quitamaridos, y que estuvieran atentos, porque ya me había acostado con varios padres. Ante semejante correo, una madre de familia me ubicó. Mi hijo Gustavo guardaba una amistad con su hijo, pues estudiaban en el mismo salón. Claudia, la madre de familia, me manifestó su absoluta confianza en mí y el repudio hacia Rodolfo. Nos vimos en varias oportunidades, supo la historia y se solidarizó con nosotros de manera total.

Cada paso que daba Rodolfo era en detrimento de mi persona y de mis hijos; sus acciones nos agraviaban y perjudicaban económica y moralmente. Todas sus artimañas eran mentiras construidas por la mente de un criminal. Sin duda, además de ser un delincuente, es un aberrado y mitómano.

Cuando se inició el proceso legal, yo internamente manejaba algo, que no sabría explicar bien. Todavía lo trato de entender y no encuentro respuesta alguna. La incertidumbre y la ansiedad que sentía me trastornaban. Las dudas venían, luego se disipaban y otra vez volvían. Me pregunté infinidad de veces adónde me llevaría esto y cuál sería el final. ¿Perdería todo? ¿Recuperaría algo?

Tenía miedo. Me imaginaba todos los escenarios posibles. Incluso, una vez más dudé si estaba haciendo lo correcto. Yo misma me decía: «¿Y si paro todo esto, lo ubico y llegamos a un acuerdo?» «¿Si se arrepiente y me busca? ¡Ojalá esto ocurriera... yo lo perdono! Y así recupero todo y sanamos el amor». ¿Podía ser posible que aún existiera amor en mí? ¿Era miedo o amor? La plegaria significante en mi rosario diario era «su arrepentimiento». La verdad, me sentía cobarde y sola en otro país, sobre todo viendo a mis hijos tan carentes de todo. Detrás de mí había una cobardía muy grande y, conjuntamente, una dignidad destruida y un orgullo amenazado ante la posibilidad de retornar a Venezuela sin nada. Mi mente era un caos total.

En medio de tantos dilemas y dudas, estábamos a la espera de que Rodolfo se diera por notificado y asistiera a la citación ante la fiscalía. Durante esos días, recibí la llamada de un número desconocido: era él. Apenas escuché su voz, comencé a llorar, pero traté de que no lo notara. ¡Rodolfo había regresado a Lima! Me dijo: «Quiero verte antes de ir a la fiscalía; necesito verte. No puedes decirle a nadie que nos vamos a ver. Si haces eso, no asistiré a la citación, no habrá acuerdo alguno y todo estará perdido definitivamente. Te llamo mañana de nuevo».

Yo quedé en shock. La verdad, no sé qué pasó por mi cabeza en aquel momento. En mí, no había razonamiento de nada. Solo pensé que recuperaría todo y que, de no hacer lo que él me pedía, podía también perderlo a él para siempre. Si mi accionar judicial tenía éxito, entonces sería el final de cualquier posibilidad de estar juntos nuevamente. ¿Cómo podía considerar una relación con él, después de toda la bajeza, traición, violencia y acciones fraudulentas que afectaban a mis hijos? Era algo descabellado, pero así me sentía.

Ahora estoy convencida de que se trataba de un miedo a perderlo todo. Esto me llevaba a pensar en el amor y el perdón, pues eran las únicas opciones que minimizaban el riesgo de exponer a mis hijos en un país extraño y sin mi familia. Así, unos días sentía odio y otros, rogaba a Dios una solución cuyo final fuera estar juntos.

Al día siguiente me volvió a llamar para citarme en la iglesia Nuestra señora de Fátima, ubicada en Miraflores. Me dijo: «Cuidado con lo que haces; no te atrevas a llegar acompañada de alguna autoridad. Si lo haces, el final será fatal para ti, tus hijos y tu familia». En ese entonces, yo estaba recibiendo frecuentes amenazas contra la integridad de mi familia en Venezuela. «Yo estaré sentado en un banco de la iglesia. Siéntate a mi lado. Allí estaremos treinta minutos y si todo se da como te estoy indicando, conversaremos».

Seguí sus indicaciones al pie de la letra: no le comuniqué nada a nadie, y menos a los abogados. A la hora señalada, me fui hasta la iglesia, ingresé y, en efecto, él estaba esperándome. Me senté a su lado. «Recemos», me dijo. Comencé a hacerlo. Pasada media hora, salimos; él me tomó de la mano y, de inmediato, detuvo a un taxi; subimos. Jamás tuve miedo de nada; al contrario, sentía tranquilidad y muy cerca la solución de todo el desastre que él había ocasionado.

Nos bajamos en un café de Miraflores, donde conversamos. Sacó de su maletín un alfajor y me lo entregó. Yo comencé a llorar con mucho sentimiento. Él me dijo: «Ya deja de llorar. Tú buscaste todo esto y mi actitud ha sido consecuencia de tus actos. Si no te hubieses comportado como una puta regalada ante todos mis amigos y ante cualquier persona, hoy las cosas serían diferentes». Yo lo escuchaba, sin entender ninguna de sus palabras; era como que un desconocido me acusara de algo irracional. Sus acusaciones eran todas infundadas; absolutamente nada tenía sentido. Me acusó de enamorar a tres exiliados políticos de aquí y, no conforme con eso, los acusó a ellos, que hasta entonces solo le habían dado la mano.

Rodolfo es un demente y un delincuente. Llegué a pensar que sus palabras eran una estrategia para justificarse como un hombre herido. En fin, yo nunca le encontré asidero a nada de lo que decía.

Nuevamente tomó la palabra: «Te atreviste a denunciarme y esto también tiene consecuencias. Mira, Anaí, voy asistir a la fiscalía y allí firmaremos una indemnización a tu favor. Tendrás que aceptar lo que voy a darte; no tienes otra opción. Además, es necesario que hagas otra cosa más: debes firmar un oficio que he traído y, antes de que yo me dé por notificado, lo enviarás a la Comisión Especial para los Refugiados. Si no lo haces, además de perder todo, con una sola llamada que haga, tu familia también se verá afectada. Sacó el papel y lo leí. Se trataba de una supuesta exposición mía, donde yo reconocía que mis acciones y decisiones habían sido tomadas bajo mucha ira y que jamás pasaron de ser diferencias de pareja; y que por mi desesperación perdieron su cauce original, por lo que estábamos en recuperación de nuestro proyecto familiar. En este oficio, además, yo daba fe de que Rodolfo era un hombre recto, de moral y buenas costumbres.

Asimismo, yo debía enviar copias a ACNUR, al MRE y a cada uno de los políticos exiliados en Lima. También me hizo escribirle un mensaje por teléfono a Eduardo Lapi, un hombre de detalles hacia mis hijos, familiar y carismático, que se encontraba en Colombia por fines de trabajo. Finalmente, yo asumiría que todo había sido un error de mi parte, causado por despecho y desespero económico. Esa fue su propuesta. En caso contrario, no habría acuerdo y amenazaría a los míos.

Yo acepté inmediatamente y firmé el oficio. No había nada que pensar. Si tenía que hacer aquello para salvar parte de lo ya perdido, entonces lo haría. Así, liberaba a mi familia de cualquier riesgo. Rodolfo, una vez más, me convertía en su presa, ¡bajo amenaza, chantaje y coacción!

Ante mi actitud sumisa, él me abrazó como en gesto de agradecimiento y me dijo: «No te faltará nada». Me acompañó hasta un taxi, me entregó quinientos dólares en efectivo y continuó: «Con esto te aguantas hasta que yo me dé por notificado.

Y recuerda, no debes informar de esto ni a la familia ni a los abogados. Es entre tú y yo».

Él tampoco tenía opciones, pues su situación de refugiado político y su honor pendían de un hilo, al estar ante una denuncia penal. Él conocía mi fragilidad; era como si hubiese partido mis dos piernas y luego me obligara a caminar.

Rodolfo se dio por notificado y asistió a la fiscalía. Hubo controversia de hechos (aparente y fingida, pues ya todo estaba cuadrado). Asistida por dos de mis abogados, presenté mis pruebas, que eran irrefutables: las transferencias de dinero a su cuenta y, desde Venezuela, una declaración que rindió el comprador de mi casa. En ella, manifestaba que el dinero girado a la cuenta de Rodolfo provenía por la venta de una propiedad mía, y que fue girado por instrucciones mías, ya que yo no tenía cuenta en Perú.

Además, yo tenía un contrato de préstamo de dinero a nombre de Rodolfo, en donde se evidenciaba que había empeñado parte de mis joyas de oro para obtener dinero en efectivo. Sin embargo, este contrato no sirvió de nada, pues yo no tenía cómo demostrar que las joyas eran mías. Las di por perdidas.

En mi relato señalé que, al salir del departamento donde convivíamos, la cantidad de dinero de mi patrimonio girada a la cuenta de Rodolfo se había dado en varias transacciones: $3500, $32 000 y $11 000; esto sin contar el efectivo que traje en mi viaje (también depositado en su cuenta), una deuda por la compra de dos boletos aéreos para que miembros de su familia viajaran a Lima; dinero girado a su familia en Venezuela; el pago de un préstamo que le conseguí a mi nombre y que él jamás pagó; el hurto de mis joyas de oro y, como si no fuera suficiente, también se llevó mi certificado-título de abogado. Es decir, además de enriquecerse a través de mí, su perversa intención era dejarme desarmada e inoperante, de manera que yo quedara en estado de indefensión absoluta junto con mis hijos. Asimismo, todos los gastos durante los cuatro meses de convivencia fueron respaldados y pagados por mí: alquiler, colegio, comida, paseos, ropa, entre otros. De todo esto, legalmente era salvable la cantidad de $43 000. El resto se dio por perdido.

En este acto de conciliación, celebrado el 4 de julio del 2012, Rodolfo se comprometió a comprar y entregar un vehículo marca Hyundai, por un valor aproximado de $17 800, a pagar el 50% de las mensualidades del colegio de mis tres hijos; y entregarme $ 7000 en efectivo. A esta propuesta se refirió aquel día.

Lo acordado no representaba el monto total de la apropiación ilícita que se le imputaba, tampoco era el monto salvable legalmente. Sin embargo, ante el encuentro clandestino que tuvimos, en el que hubo una amenaza inminente de peligro para mi familia, y en la procura de un pronto arreglo judicial, acepté lo que ya estaba planificado. Los abogados, no muy convencidos, insistieron en que me negara y que diéramos la pelea. En mi situación, esta propuesta ya era bastante: podía emprender y levantarme de nuevo. Ambas partes firmamos el acuerdo.

Transcurrieron los días y pasó todo el mes de julio, pero Rodolfo no daba cumplimiento a nada de lo acordado y firmado, ni aparecía por ningún lado. Entonces, mi miedo fue mayor: las dudas me estremecían y me quedaba muy poco del dinero que me había girado mi familia y del que me había dejado mi padre. Cada día que pasaba era peor que el anterior. Se juntaron mensualidades no pagadas en el colegio, así como la deuda con la movilidad escolar. Lo único seguro era el techo, ya que había pagado la renta por adelantado. Jamás había sentido tanto miedo ni me había sentido tan sola. Mis hijos estaban todo el día en el colegio y llegaban cerca de las cuatro de la tarde. Yo me quedaba sola todo el día en el departamento, con nuestra mascota Princesa. Me sentía en medio de un desierto: un país extraño, sin amigos, sin familia, sin vecinos, sin amor, sin trabajo, sin dinero. Mi mundo era una hoguera, un abismo. Ya no había nada en casa.

En medio de mi angustia, trataba de ubicar a Rodolfo por todas partes: era inútil, hasta su número de teléfono había cambiado. Este hombre me había hecho una más. Este acto lo califiqué como un segundo asesinato. Él mató al muerto de nuevo. Desesperada, fui al colegio de mis hijos y expuse mi situación a las monjas. Sentía un dolor desgarrador y, en medio de palabras cortadas, le supliqué a la directora que esperara el pago de las mensualidades acumuladas. La directora percibió que yo estaba hundida en el dolor y, en su vocación de servicio y con manso espíritu, me dijo que los niños quedaban exonerados de todas las mensualidades y que, a partir de ese día, la congregación de Hermanas Mercedarias se haría cargo del desayuno y almuerzo de mis hijos por el resto del año. Esto era increíble. El amor de Dios se manifestaba en acciones de compasión y de servicio.

Salí del colegio y caminé hasta la casa; eran aproximadamente cuarenta cuadras, tal vez más. En ese trayecto, me senté en varias oportunidades en las aceras y lloré indeteniblemente. Me sentía perdida y, por momentos, con ganas de correr y correr; otras veces, sentía ganas de dormir sin reloj y despertar cuando todo hubiese acabado. Llegué a casa exhausta. Era esclava de mi mente y no dejaba de pensar ni un minuto del día. Así transcurrieron los días. Aparte de llorar, lo único que hacía era rezar el rosario y dormir con alguna pastilla que me ayudara a conciliar el sueño. En estos meses, jamás me ocupé de la comida, pues las monjas se ocupaban de ello; yo no comía nada y mi peso iba en descenso.

Mientras mis hijos estaban en el colegio, pasaba horas en silencio. No tenía con quién hablar. Cuando mis hijos llegaban del colegio, eran muy pocas las palabras pronunciadas; además, yo trataba de que se acostaran temprano para que no sintieran hambre. A la mañana siguiente me sentía afónica; algo había pasado con mis cuerdas vocales. Físicamente, no tenía fuerzas para nada. Perdí cerca del 60 % de cabello y en mi cabeza había huecos blancos. También perdí algunas uñas y mis palmas tenían heridas abiertas, que me sangraban a diario; por el estado de mis manos, era inútil hacer algo. Nunca me vio un médico; en medio de mi tormento supuse que todo era producto de los nervios, la depresión y la falta de alimentación. Llegué a pesar 46 kilos. Recuerdo que me paraba frente al espejo y solo podía ver un cuerpo destruido por la aflicción y la pesadumbre. La idea de quitarme la vida aparecía en mi cabeza intermitentemente.

Cada fin de semana era un infierno, pues no había comida. Un sábado tocaron la puerta del departamento. Me levanté y pregunté quién era, pero no respondieron. Cuando abrí la puerta no vi a nadie; sin embargo, en la manilla de la puerta había una bolsa de pan colgada. No tenía idea de quién la había dejado allí. Mis hijos tenían hambre; la tomé y les di los panes para que comieran un poco.

Al día siguiente, pregunté en vigilancia sobre el pan. El vigilante me dijo que todos los días una señora se encargaba de repartir el pan a las torres, previo acuerdo con los propietarios e inquilinos. Este no era mi caso, pues yo jamás había pedido pan.

Durante los días siguientes, estuve atenta a la señora del pan. Me asomé por el balcón y vi a una señora que entraba y salía de las torres. Cuando ingresó a la mía, abrí la puerta y la esperé hasta que llegó a mi piso; la saludé y la invité a pasar. Preparé un café y le dije que había dejado un pan en mi puerta, que cuánto le debía; me dijo que nada, que se había equivocado. La señora se llama Dina. Es una mujer de alma bella y amorosa, de unos 47 años, y desde ese día se convirtió en uno de mis ángeles. Desde ese día no se apartó de mí. Todos los días me llevaba pan y oraba conmigo; también supo mi historia, y lloraba conmigo. Fue mi paño de lágrimas por muchos años.

Esta señora humilde trabajaba vendiendo pan para sacar a sus hijos adelante. Se encariñó con mis hijos inmensamente, sintiendo un afecto y una debilidad por Gustavo, de manera especial; a escondidas le daba propina. También compartía su comida con nosotros y me ayudaba en la casa. Los fines de semana jamás me desamparó, pues se quedaba a dormir conmigo; en algunas ocasiones, sus dos hijos menores también dormían en casa. Cuando podía tener algo de dinero, le retribuía.

Un día, mi hijo Gustavo me dijo que una compañera del colegio iría a la casa. Yo, en medio de mi crítica situación, le dije que me parecía bien. Sabía que a mi hijo le favorecía tener un círculo de amistades. Su amiguita llegó acompañada por su mamá, quien la fue a llevar y a conocer la casa donde iría su hija. Para ese entonces, Gustavo tenía trece años y su amiga era contemporánea.

Su amiguita se llama Carlita y la mamá de ella, Cania. Cania se convirtió en una hermana para mí; otro ángel que Dios me mandó. Era una mujer llena de ganas todo el tiempo y con un sentido del humor único, muy elocuente. Ella logró sacarme la primera sonrisa en tiempos de tormentas.

Estos dos ángeles aliados, Dina y Cania, de allí en adelante fueron tías afectivas de mis hijos. No hubo un día en que estas valerosas mujeres dejaran de estar pendientes de mí: me llevaban pan, leche, queso, agua y alimentos de todo tipo. El padre de Cania también me dio su apoyo y compasión.

Ellas dos se turnaban: iban a diario a la casa, me dedicaban oraciones, me preparaban té, entre otras cosas. Hicieron una especie de trabajo amoroso y espiritual, alimentando mis ganas y dándome fuerzas. Sin embargo, el empeño de ellas no era fructífero, pues la derrota era demasiado devastadora. Mis uñas se debilitaban y mi cabello seguía cayendo. Mis costillas se podían contar y palpar; mi rostro era cadavérico. Incluso, un sacerdote acudió al departamento, por pedido mío, cuando sentí la muerte muy cerca.

Jamás comuniqué a mi familia sobre el grado extremo de mi situación. Tenía demasiada vergüenza. Afortunadamente, mis hijos estaban bajo la protección del colegio y amparados por Cania y la señora Dina.

El día menos esperado recibí una llamada de Rodolfo, quien me dijo que había dejado pagadas, en la bodega más cercana al edificio, una gaseosa y una cajetilla de cigarrillos para mí, además de veinte dólares para que comprara algo de comida. Bajé corriendo, no tanto para retirar el dinero de la bodega, sino para ver si aún estaba allí e insultarlo, pero mis piernas no respondieron y me caí. En efecto, él estaba en la vigilancia. Como pude llegué hasta él, pero ¡no tuve el valor para insultarlo! Me arrodillé delante de todo el mundo y le pedí perdón y misericordia; con el rostro pegado al piso, lo tomé por sus piernas, apretándolo, y le dije: «Ten misericordia de mis hijos. Dame al menos comida y colegio; ayúdame a sacarlos adelante». Le besé los pies desesperadamente, le apreté las piernas y mis súplicas se hicieron más repetitivas. Él me levantó por la chompa, rompiéndola y dejándome casi desnuda en la calle, y se retiró. El vigilante me llevó hasta el departamento. Me metí en mi cama y de tanto llorar, me quedé dormida.

Durante los días siguientes, solo pedía la muerte y la clemencia a Dios. Sentí que era el momento de acabar con todo y arremeter contra mi vida. Pensaba en cómo hacerlo y siempre sentía pánico. De cualquier manera, mis hijos me venían a la mente y el valor de hacerlo se perdía. Por fortuna, mi amiga Cania y la señora Dina ampararon a mis hijos en todo momento. En cada visita, Cania traía algo de comida y diez dólares en efectivo, para cualquier emergencia. La señora Dina atendía todo en la casa y, en especial, a mis hijos. Yo no salía de la cama.

Cerca del mes de agosto, Rodolfo nuevamente se apareció en mi casa y me dijo que por favor bajara. Él andaba en un auto que, según dijo, se había comprado. Me dio mucha cólera: todo por lo que yo estaba pasando y él dándose gustos y gastando mi dinero. Yo estaba en el auto y no sé cómo, ni de dónde me salieron fuerzas, pero comencé a golpearlo imparablemente; él también se bajó y me detuvo con fuerza. Me abrazó y me dijo que me calmara, que él estaba allí para conversar y ver de qué manera podíamos salir de donde estábamos. Me pedía perdón, pero yo no le creía nada; me sentía dolida, molesta, derrotada; todos los adjetivos que hacen sucumbir a una persona los tenía yo encima.

Él mismo me subió en el auto de nuevo y comenzó a conducir. Yo no sabía ni para dónde íbamos. Lloraba y le decía que de dónde había sacado tanta maldad, volviendo a mi estado de sumisión total. En el trayecto, supliqué, rogué y mendigué que por favor me devolviera algo de dinero, lo que él quisiera, pero que algo me diera para yo emprender, comenzar con algún negocio y salir adelante.

Mis ruegos eran como los de quien pide un indulto a la única autoridad capaz de otorgarlo, y él no respondía nada. Al cabo de veinte minutos, llegamos a un lugar desconocido por mí: Residencias Bello Horizonte, ubicadas en la cuadra 21 de la avenida La Paz, en el distrito de San Miguel.

Él ingresó al estacionamiento y subimos a un departamento, el cual había rentado. «Dios mío», decía yo internamente, «¡todo lo que hace con mi dinero este hombre! Y mis hijos y yo pasando necesidad». Yo no salía de mi asombro, pero dentro de todo me mantuve en calma.

Comenzamos a conversar. Él me dijo: «Todo este infierno que estás viviendo fue buscado por ti». Una vez más volvía a degradarme y denigrarme. Además de puta y zorra, sacó un sinfín de temas, que definitivamente denotaban su maldad y su falta de cordura.

Rodolfo habló y yo lo escuché durante casi tres horas. Por mi mente pasaba una película de todo lo que me estaba haciendo vivir. Recordé cada una de sus conductas y acusaciones, e hice una retrospectiva desde que comenzamos la relación hasta ese mismo día. Anteriormente, en mis momentos de soledad y dolor, traté de analizar al personaje e interpretar muchas cosas.

Yo tengo un postgrado en criminalística; solo me faltó defender la tesis por viajar a Lima. Así que algún conocimiento tenía sobre las patologías de víctima/victimario. Llegué a la conclusión, irrevocable e inequívoca, de que Rodolfo Antonio Barráez Sánchez era un vulgar delincuente, que trataba de solapar sus delitos con una patología psiquiátrica.

Conocí de su pasado a la perfección. Registraba un alto prontuario de acusaciones por delitos que él justificaba como actos políticos. Tenía, al menos, cuatro matrimonios y unas cinco relaciones concubinarias. Era padre de siete o más hijos; tres o cuatro de una misma madre y el resto de madres diferentes. Cada esposa y cada conviviente que tuvo lo había denunciado. Supe también que tres de sus exparejas fueron sometidas a chantaje y coacción; incluso las mantuvo a su lado bajo amenaza de suicidio. Al momento de cada divorcio o separación, ya había asegurado una buena parte del capital de su pareja a su favor.

Luego de su derrota política, Rodolfo asumió una conducta arribista y oportunista, llevándose por delante a quien se le cruzara en el camino. Deshonró a su padre y a todos sus hermanos y acabó con lazos de afecto de cualquier índole. Hasta el día de hoy, rescato fidedignamente la reputación de su padre, esposa y hermanos.

Cuando Rodolfo terminó su discurso, le di a entender que ya había escuchado lo que tenía que decir y le dije que me retiraría por mi cuenta. Una vez abajo, tuve el cuidado de ver muy bien la ubicación de su domicilio y un vigilante del edificio me ratificó la dirección, que apunté. Tomé un taxi y regresé a mi departamento.

Al llegar, hice una reflexión de lo que había sido mi vida hasta aquel reencuentro. Si hubiese considerado tantas cosas, tantas conductas sospechosas, tantas irregularidades, tantas banderas de alerta que obvié y aparté de mi camino... Si hubiese oído tan solo un consejo en el momento oportuno; tal vez, hoy, esta no sería mi historia.

Yo tenía que comenzar a asumir mi estado, mi realidad, mi pérdida y buscar opciones de vida, tomar decisiones. Hasta ese entonces no consideraba un retorno a mi país. Mi vida no había cambiado en nada; todo era exactamente igual: escasez y desierto afectivo y familiar. Mi conciencia me procesaba, juzgaba y condenaba.

Un día cualquiera, sentí una carga de culpa insostenible, que se juntó con estados de ira y coraje. Así que decidí ir hasta su departamento. Llegué sin avisar, cerca de las siete de la noche. Subí directamente y le toqué la puerta. Sin preguntar quién era, abrió.

Al verme, su rostro palideció. Cuando trató de cerrar la puerta, yo me interpuse y él volvió a abrirla un poco. Como pude, me colé e ingresé.

Lo emplacé y le dije todo lo que pensaba de él; también le exigí el retorno del dinero. Pero esta fuerza no me duró ni cinco minutos. Él se enfureció y se me vino encima; me tomó por los brazos y me levantó; luego me sacudió en el suelo. Me asusté muchísimo y me quebré en llanto. De rodillas y con las manos en posición para orar, le dije: «¡Por piedad, ayúdame a salir de esto! Te imploro que me devuelvas, al menos, el valor equivalente de la camioneta. No puedes hacerme esto; no puedes dejarme en la calle con tres hijos en abandono total. Sabes que es el patrimonio de mis hijos, el esfuerzo de años de trabajo. Todo lo hice por amor; aposté a un proyecto de vida. Devuélveme solo una parte y del resto me olvido». Todo esto lo dije con palabras entrecortadas por mi llanto.

Sentado, él solo reía, hasta que dijo claramente: «Das pena. Mira cómo estás; no vales nada. Recuerda que te dije que te haría bailar joropo. ¡No me equivoqué!». Entonces, comencé a gritar; eran gritos de desesperación. Sin mediar ni una palabra más, se dirigió hacia la puerta y me ordenó que me retirara. Yo continuaba en el suelo sin moverme. Él otra vez se vino contra mí y me pateó. Luego me tiró del cabello y me colocó entre la puerta y el marco, y con todas sus fuerzas, cerró y abrió la puerta muchas veces, mientras me sostenía por los cabellos. Mi cuerpo entero, la sien, la mejilla, el hombro, los senos y las piernas recibieron incesantemente cada golpe. Comencé a sangrar por la boca y, en medio de aquel dolor físico, grité pidiendo auxilio. Al parecer, mis gritos no eran tan fuertes como yo creía, pues nadie venía en mi auxilio. Una vez más grité con todas mis fuerzas «¡Ayuda!».

Por fin se abrieron las puertas de los departamentos vecinos y alguien llamó a la seguridad del edificio. Cuando subieron dos vigilantes, Rodolfo me liberó. Salí corriendo, llevándome por delante a todo el mundo; ingresé al ascensor, bajé y seguí corriendo. Corrí y lloré por un rato largo. Por fin, paré un taxi, me embarqué y le di la dirección de mi casa.

Llegué a casa y fui directo a la ducha, evitando que mis hijos me vieran. Al vestirme, cubrí la mayor parte de mi cuerpo, pues estaba muy golpeada. Al día siguiente, después de que los niños se fueron al colegio, llegó Cania quien, al verme, se impactó. A horas de lo ocurrido, mi cuerpo estaba cubierto por hematomas y petequias que dolían demasiado; era el espejo de una tortura de pies a cabeza. Le conté todo y ella insistió, durante casi dos días, en ir al médico legista; pero no logró convencerme. Jamás fui al médico legista ni denuncié este hecho.

En esos días, decidí ir nuevamente al estudio de abogados que me asistió. Quería, una vez más, encontrar una solución judicial ante tantas atrocidades. Llegué y de inmediato me atendieron; estuvieron presentes cuatro abogados de los que me representaron en la fiscalía. No pasaron ni cinco minutos y comencé a llorar; llorar era mi escape inmediato ante tanta incertidumbre y crueldad. Luego, me desnudé sin el más mínimo pudor y les mostré el resultado de la golpiza que me había dado Rodolfo. Recuerdo que uno se puso de pie, se quitó el saco y trató de cubrirme; otro me miró fijamente y me dijo que mi cuerpo era prueba suficiente para accionar y presionar.

En ese momento, recordé cada amenaza de Rodolfo contra mi familia, incluso contra familiares de él mismo y contra mí; cada palabra que recordaba era una pesadilla. Rápidamente me vestí y salí del estudio; solo les dije que iba a pensar bien cada paso que tendría que dar con respecto al médico legista. Una vez más, me ganó el miedo y la vergüenza; muchas personas estaban comprometidas o, al menos, así lo pensaba yo, por todo lo que este ser me había dicho y hecho. No hice nada.

Todos esos meses, las monjas continuaron apoyándome con la comida de mis hijos, y los sábados y domingos Cania y la señora Dina se hacían cargo de ellos. Lo más que hacía por mis hijos era besarlos y darles la bendición. Yo estaba anulada totalmente. Por esos días, mis redes sociales ya estaban cerradas. No quise darle explicaciones a nadie de lo que me había ocurrido; tampoco tenía nada que hablar, ni nada que publicar. ¿Qué iba a publicar? ¿Mi desgracia?

En octubre, recibí una llamada de la Comisión Especial para los Refugiados del MRE. Me dijeron que la resolución de mi petitorio ya había salido y que podía pasar a recogerla. Esa noche, la ansiedad no me dejó dormir. Al día siguiente, ni bien los niños se fueron al colegio, fui al jirón Lampa, donde se ubica el MRE y la Comisión Especial para los Refugiados. Sudando y temblando de los nervios, me dirigí a la Secretaría y solicité la resolución. Cuando me entregaron el sobre sellado, solo dije gracias.

No quise abrirlo allí. Estando afuera, abrí el sobre y leí a la resolución N° 827-2012-CEPR, fechada 24 de octubre del año 2012, que rezaba: Considerando: ... Se resuelve: «Reconocer la condición de refugiada a la señora Anaí Domínguez Chacín y a sus hijos». Lloré de alegría y, mirando al cielo, grité: «¡Gracias, Señor!».

En los días siguientes, con la señora Dina nos dirigimos a Migraciones, donde presenté el oficio. El mismo día me entregaron los carnets de extranjería.

En esa semana, sin motivo específico, decidí reabrir mi Facebook, solo para chequear algo. Ni bien entré, me di con el saludo de una gran amiga y hermana de la vida: ¡Nhianya! Ella estudió conmigo en la universidad; de hecho, nos titulamos juntas. En su mensaje, me dejaba su número de celular y me pedía que la contactara; lo apunté rápidamente y cerré de nuevo el Facebook. Estuve así por largo tiempo, tratando de mantener un perfil bajo en las redes y en todos los contextos.

Llamé a mi amiga de inmediato. ¡Qué alegría tan grande sentí cuando escuché su voz! Fue una emoción indescriptible. Hablamos por más de una hora; ella ya sabía algo de lo que me había pasado, pero yo le di los detalles. Nos despedimos.

Al día siguiente, me llegó un mensaje de ella con un adjunto. Cuando lo abrí, se trataba de la imagen de un boleto con destino a Lima. Me embargó un sentimiento muy grande: esta vez, lloré de alegría y salté por toda la casa; mis hijos no entendían nada, pero también reían al verme feliz. Nhianya me llamó a los pocos minutos y lloramos muchísimo. Me dijo: «Hermana, no puedo dejarte sola». Viajaría con su madre, quien se quedaría por quince días; en tanto que ella, por dos meses. Nhianya era soltera; jamás se casó ni tuvo hijos. Además de abogada, también es licenciada en educación. ¡Nuestra amistad era fraternal; éramos hermanas! Mi emoción era inmensa pues pasaríamos Navidades juntas.

En noviembre hablé con otra gran amiga, Belkys, a quien conocí porque era madre de familia en el colegio donde estudiaron mis hijos en Venezuela. Entre ella y yo nació una amistad verdadera y compartíamos muchísimo en familia. Era una mujer de fe a más no poder, y emprendedora. Desde el día en que llegué, siguió muy de cerca lo que me pasaba; me brindaba todo su apoyo y oraba por mí desde Venezuela. Por lo menos, me llamaba con una frecuencia interdiaria. Esta misma actitud solidaria la sostuvo la Flaca (la nana) conmigo.

Le pedí a Belkys que viajara a Lima, pues necesitaba a mi gente, tener cerca a alguien de los míos. También se lo pedí a la Flaca. En esa misma semana, ambas decidieron viajar a Lima; esta noticia me embargó aún más de felicidad. En medio de tantos desagradables momentos, comenzaba a sentir instantes de esperanzas. Belkys y la Flaca llegarían antes que Nhianya.

Llegó diciembre y, con él, el verano y las vacaciones escolares, que abarcaban desde enero hasta mediados de marzo. A principios de diciembre, llegaron a Lima. Mis hijos no durmieron esperando ese día, pues la Flaca era para ellos un ángel que los consentía y complacía en todo, y con María Guadalupe era única y especial.

Belkys, por su parte, es una mujer de espíritu alegre; nunca la he visto enojada. En cualquier lugar al que llega, se arma la fiesta. Es jocosa, incluso atrevida para hacer bromas; no se mide en nada. Con la llegada de ellas, en la casa se respiraba amor del bueno, con olor a Venezuela y a familia. Dormíamos todos juntos y nos acostábamos muy tarde. ¡La felicidad en los rostros de mis hijos no tenía precio! La Flaca bella me hacía y servía mi café a diario, como solía hacerlo en Venezuela. Unas veces me lo llevaba a la cama y otras veces lo tomábamos juntas en la cocina, con Belkys. ¡Qué días tan bellos!

Estando ellas acá, recibí la llamada de tía Mirian, hermana menor de mi padre, que sorpresivamente me anunció que iría a Lima con su hijo Jesús (mi primo) y la novia de él, Silvia. En principio, mi primo y su novia viajaban por negocios; pero mi tía, que ya sabía los detalles de lo sucedido, decidió también viajar. Me anunció que llegarían en unos días. ¡Qué alegría, parte de mi familia estaría conmigo! Esto era realmente un regalo de Dios. Además, estaba próxima la llegada de Nhianya y su mami. En este orden llegó toda mi gente a casa.

Ya estaban conmigo Belkys y la Flaca. Días después, llegaron tía Mirian, Jesús y Silvia; a los dos días, Nhianya y su mami. La llegada de Nhianya fue la que más me marcó, pues tenía casi doce años sin verla. Aquel encuentro fue mágico y quedó congelado en mi memoria.

Nhianya vino con cuatro maletas, y cada una con sobrepeso; además de equipaje de mano y carteras. Cuando llegamos a casa, ¡wow!, Nhianya y Amada, su madre, comenzaron a sacar de las maletas innumerables regalos para mis hijos y para mí. Era algo impresionante: ropa, perfumes, maquillaje, juguetes, dulces, comida y muchas cosas más. En serio, la cantidad de obsequios era exagerada. Mis hijos eran los niños más felices del planeta Tierra.

Esto fue un regalo que Dios había lanzado con mucho amor para mis hijos y para mí; me sentía bendecida. Este año tan amargo Dios lo cerró con broche de oro y desborde de amor infinito. De estar solos todo el año, en una semana tenía en casa a este gentío: siete personas recontra amadas por mí. No había camas suficientes, pero nos acomodamos como pudimos. Había amor de sobra y eso bastaba.

En la primera noche en que estuvieron todos en casa, mis hijos y todos los demás huéspedes de amor se acostaron a descansar. Nhianya y yo nos sentamos en la cocina y con cigarrillos y café nos amanecimos. Yo le contaba todo; entre lágrimas y risas avanzaba la noche. En un momento, me dijo: «¡Parcera, apostaste todo y lo perdiste, pero pa' lante! ¡Aquí estamos juntas pa' lo que salga!». En esa amanecida, me dio la gran noticia de que, al retornar a Venezuela, comenzaría a cerrar todos sus compromisos allá, y a gestionar los documentos necesarios (certificados y títulos de carrera), porque su destino para vivir sería Lima. Esto llevaría tiempo, tal vez dos o tres años, porque en Venezuela, con el régimen, todo era más burocrático, más aún si se iba a salir del país. Pero ella había decidido esto, y que durante el tiempo que le llevara arreglar estos asuntos viajaría intermitentemente, para que no estuviéramos solos.

¡Pasamos días increíbles! Nhianya y su mami hicieron compras en el supermercado, equiparon mi nevera, junto con Jesús y Silvia, quienes también hicieron su aporte de amor para mi cocina.

Y sin ser suficiente esto, me llegó otra sorpresa de Dios, que seguía con sus manifestaciones de amor. Esta vez recibí un mensaje de Mario, quien durante mis últimos años en Venezuela fue mi chofer de absoluta confianza. Este gran amigo me comunicó que llegaría a Lima al día siguiente, para quedarse donde un conocido, y me expresó su deseo de vernos y compartir un rato. Mario no duró ni un día en casa de su conocido, y me lo traje a casa. ¡Un huésped más! En mi casa emanaba la felicidad, la calidez de la familia, el amor, el servicio, la compasión y el cariño. Para mí, era lo máximo. Benditos días aquellos; cada momento compartido lo atesoro en mi memoria. La memoria es el agradecimiento del corazón; allí están guardaditos cada uno de mis seres amados y cada momento vivido.

Aunque el dolor seguía allí, los recuerdos me atormentaban y la culpa me gritaba en la conciencia insistentemente; al ver a mis hijos tan felices y ante esta compañía tan divina, yo sentía un bálsamo de alivio. Era como un receso en la tragedia; un gran consuelo ante tanto dolor y tristeza.

Lamentablemente, en medio de esta distracción, el 19 de diciembre recibí la triste noticia que Mamá Ligia, mi abuela materna, había fallecido. Toda aquella alegría desapareció instantáneamente. El día se me oscureció y me embargó un dolor muy profundo. Mamá Ligia fue un ser excepcional; era como otra mamá, consentidora y protectora. Mi infancia y parte de mi adolescencia las pasé a su lado; ella nunca se separó de sus nietas y nietos. Me quedó la satisfacción de que, antes de venirme, pasé mis últimos días en Venezuela con ella y mis hijos.

Los familiares y amistades que ya estaban conmigo hicieron todo lo que correspondía para aliviar esta pena. Con esfuerzo, trataron de que, a pesar de esta pérdida, diciembre no dejara de ser un mes de fuerza y alegría. Nos ayudaron a mis hijos y a mí a distraernos y superar el duelo por la muerte de mi abuela.

Mi tía, Jesús y Silvia se marcharon en la fecha prevista. Luego, emprendió su regreso Amada. Y cerca del 20 de diciembre, si mal no recuerdo, se marcharon Belkys, Mario y la Flaca. Para Navidad, solo estuvimos Nhianya, mis hijos y yo. La Navidad fue compartida con Cania y la señora Dina. Este evento, con sus alegrías en medio de tanto dolor, el calor familiar, cada gesto y cada presencia, calmaron mi alma y mi espíritu; secaron mis lágrimas, y cerraron algunas heridas de mi cuerpo. Esas Navidades las sentí como nuestro regalo del niño Jesús. Año Nuevo lo pasamos en casa con Nhianya.

Sin embargo, a quienes más extrañé fue a mis hermanas; siempre estuve a la espera de recibir la noticia de que, al menos, una de ellas vendría a verme; entendí que, tal vez, sus compromisos no les permitieron viajar, pero mi dolor en ese momento no veía eso. Tal vez el hecho de que yo les ocultara tantos detalles no las impulsó a decidir un viaje. Sus abrazos hubiesen sido muy sanadores, tanto para mis hijos como para mí.

Capítulo 5

Año 2013

En los meses de verano, con la grata compañía de Nhianya, y mis hijos de vacaciones escolares, planificamos días de playa. La primera semana de enero nos fuimos al mar. Preparamos sándwiches, compramos gaseosas y dulces para los chicos. ¡Ellos estaban felices!

Yo cargaba mi cruz; pero la presencia de Nhianya fue un arma de fortaleza inmensa. Tenía mis momentos de ausencia y ella trataba de rescatarme y traerme al presente, siempre con palabras de aliento, amor, solidaridad y empatía. Hermana incondicional.

Estando en el alojamiento del balneario, tuve un momento de mucho sentimiento y muchas interrogantes. Interiormente, me preguntaba: «¿Que irá a suceder con nosotros?, ¿dónde estaremos de aquí a un año?, ¿en qué trabajaré y cómo me voy a levantar?, ¿todo está perdido realmente, o voy a recuperar algo?». Luego de pasear mi mente por aquellas interrogantes, terminé llorando desesperada. Admití que mi fe era pobre.

Nhianya se percató de la gravedad de mi estado emocional y trató de darme calma, animándome a salir a tomar un poco de sol. Desde nuestra época universitaria, éramos aficionadas al sol y siempre andábamos bronceadas. Estando tumbadas en la arena, se acercó un joven de unos 25 años. Nos preguntó nuestros nombres y de dónde éramos. Yo no respondí, pero Nhianya es muy folclórica y siempre está alegre; además, es una mujer bastante sociable y directa. Así que ella tomó la palabra y le respondió al joven: «Mucho gusto, me llamo Nhianya y ella es mi amiga Anaí, te la presento. Somos venezolanas». Señalando a mis hijos, agregó: «Y ellos son sus tres hijos». Él, con asombro, preguntó: «¿Sus hijos?». «Sí, sus hijos», respondió Nhianya, y le devolvió la pregunta: «¿Y tú cómo te llamas?». El joven se llamaba Carlos y Nhianya continuó dándole entrada: «Carlos, ponte cómodo y siéntate en la arena con nosotras». Él se sentó y comenzaron una charla que duró casi una hora.

En ese lapso, Nhianya ya tenía a Carlos al tanto de todo. Le había dicho que yo tenía un año en Lima, que me había pasado una desgracia; y que ella había venido a darme su compañía y apoyo porque era un momento muy difícil. Él se veía abrumado por todo lo que ella le contaba. A la hora de marcharnos, Carlos nos solicitó nuestros números de teléfono, a lo que Nhianya respondió: «¡Ay! Yo no tengo, porque estoy de vacaciones. Pero ella sí». Le dio mi número, él se despidió y se marchó en su moto; nosotras tomamos un taxi hasta nuestra casa.

Ese mismo día, al finalizar la tarde, mi teléfono timbró; era un número desconocido, y yo, presumiendo que era él, no quería atender. Nhianya, que estaba cerca, enseguida replicó: «¡Puede ser Carlos!» y atendió. Mientras hablaba, le preguntó con insistencia a mi hija Mae nuestra dirección y, sin vacilar, se la dio a Carlos.

Con Nhianya yo estaba feliz; solo ella y mis hijos cambiaban mi estado de ánimo. Pero no estaba apta para ninguna amistad, y menos para comenzar a vociferar mi situación y experiencia a nadie más, menos a personas desconocidas. Quienes conocían lo sucedido era porque, de alguna manera, estuvieron allí presentes o estaban involucradas.

Cuando Nhianya colgó, enseguida dijo: «Hoy comeremos pizza. Carlos nos ha invitado a todos». Yo me quedé muda. Aunque me incomodó, no fui capaz de manifestarlo. En el fondo, Nhianya buscaba desesperadamente armar un círculo social y dejarnos integrados para cuando le llegara el momento de irse.

Alrededor de las ocho de la noche, llegó Carlos en su moto. Ella bajó, le indicó cuál era el estacionamiento y luego subió con él. Yo me acosté; por momentos me ganaba la depresión, y no quise compartir nada. Pero ella y mis hijos sí lo hicieron. Casi a la medianoche, me desperté y escuché personas conversando. Cuando salí de mi habitación, allí estaban el joven de la playa, Nhianya y Mae. Gustavo y María Guadalupe ya se habían acostado. Yo me dirigí a la cocina a tomar agua, pero Nhianya insistió en que compartiera, al menos, los últimos minutos, ya que Carlos estaba por retirarse. Al sentarme, supe que Nhianya ya le había contado a Carlos todas mis penas del año anterior, con protagonistas y todo. Así es ella. De paso, le pidió que me ayudara a vender unas carteras que ella me había traído de Venezuela, para obtener algún ingreso. Cuánto lo habrá atormentado, que Carlos terminó comprando todas las carteras. Eso lo supe al día siguiente, porque yo les di las buenas noches antes de que se marchara.

Al día siguiente, Carlos volvió a llamar y esta vez lo atendí yo. Me saludó con mucho afecto y me preguntó si nos podía visitar. Le dije que sí. Cuando se lo comuniqué a Nhianya, se puso feliz; repetía constantemente: «Yo me voy de aquí dejándote lo mejor que pueda. Yo vine a algo y me iré dejándolo hecho». Cuando llegó Carlos esa noche, Nhianya, sin consultarme, comentó: «Anaí hace unas arepas muy ricas. Esta noche ella cocina». Me quedé helada y le hice un cambio de luces con mi mirada; ella, tan expresiva y extrovertida, dijo: «No me hagas señas con los ojos; deja la necedad».

Mi ánimo era muy cambiante: por momentos me distraía y, en otros, solo lloraba y lloraba. Además, durante todo este tiempo tomé pastillas para dormir. Yo no tenía ganas de hablar con nadie, solo con ella, y eso porque sentía que era una terapia.

Esa noche solo hice las arepas; las serví y me acosté. No supe a qué hora se fue Carlos. En la mañana, Nhianya y yo, al igual que todos los días, preparamos café y nos fumamos un cigarrillo. En esta tertulia, ella me contó todo sobre Carlos. Sabía sobre su familia, cuántos hermanos eran, dónde vivía, a qué se dedicaba y, además, le preguntó si tenía novia, enamorada, o si era casado o divorciado. Estaba soltero. Durante los días siguientes Carlos visitó la casa a diario.

El día de mi cumpleaños recibí un ramo de rosas rojas. Las había mandado Carlos. En verdad, yo estaba sorprendida, pero Nhianya aseguraba, con absoluta firmeza, que Carlos se traía algo entre manos conmigo. Para mí, esto era algo lejano, pues, además de que estaba muy lastimada, mi historia era muy reciente y yo no tenía cabeza para ninguna relación. En ese momento, yo estaba distraída por la desgracia, el amor herido y la inmensa preocupación y responsabilidad que tenía en mis hombros por aquella equivocada decisión y la inescrupulosa conducta de Rodolfo.

Aparte de todo esto, Carlos era un joven de veinticinco años, y yo tenía treinta y nueve. La edad no es un obstáculo en el amor, pero los prejuicios, a veces, nos crean límites.

Pocos días después de mi cumpleaños, Carlos me invitó a bailar y comer. Se celebraba el cumpleaños de un amigo suyo y me pidió que fuera con él. Al principio, rechacé la invitación, pero Nhianya insistió tanto, que terminé aceptando. Esa noche salimos. Nhianya no se equivocó, Carlos me propuso iniciar una relación. Yo me negué y le expliqué las circunstancias de mi vida. Él entendió cada palabra mía, pues reflejaban mucho dolor. De todos modos, tomamos unas copas y también bailamos. Esa noche me sentí muy bien y olvidé por completo mi desgracia.

Carlos me llevó hasta mi casa. En el trayecto, nos besamos; este beso fue algo divino, lleno de ganas y de esperanzas. Ya en casa, pensé en la salida y el beso. En el fondo de mi alma, guardaba la esperanza de resurgir, recuperando todo lo perdido; pero si yo tenía otra relación, así fuera pasajera, Rodolfo jamás regresaría ni me devolvería lo mío. Así que, en mi interior, rechacé categóricamente este beso y esta posible nueva relación.

En el transcurso de los días siguientes, Nhianya fue insistente en todo lo referente a mi recuperación. Ella quería ver de vuelta a la Anaí alegre, voluntariosa y exitosa de antes. Se desesperaba ante mi negación, le daba impotencia y hacía todo lo que estaba a su alcance para procurarme momentos de felicidad y distracción. Sus palabras eran: «Listo, perdiste, perdimos, ¿qué más da? Sigamos; eres joven, bella y emprendedora; tienes unos hijos lindos y salud. ¡Sí podemos! Y yo estoy aquí para que juntas lo logremos, hermana».

Carlos siempre estuvo; nunca nos dejó solos, pues todos los días iba a casa. Al cabo de un mes, estábamos juntos, A pesar de mi lucha interna, él apostó todo por tenerme completa. A sus veinticinco años, era un hombre íntegro y responsable; asumió lo que un caballero de valores podía asumir.

Llegó la hora de la despedida de Nhianya. Una noche antes, Carlos, como de costumbre, nos visitó. Nhianya conversó largo rato con él, le manifestó lo importantes que éramos para ella, y le pidió una promesa, más que de amor, de compasión: que estuviera con nosotros, al menos, hasta que ella volviera. Él, con gallardía, asumió aquel compromiso, y vaya que lo honró cabalmente. A finales de enero, despedimos a Nhianya. Mis hijos y yo quedamos con un vacío enorme, pero con la esperanza de su regreso.

Cania y la señora Dina continuaron con su labor inefable, y Carlos se incorporó por completo a mi hogar y a mis hijos. Me presentó ante su familia; todas grandes personas. Al conocerlas, entendí la bondad excelsa de Carlos; detrás de él había una familia espectacular.

A inicios del mes de febrero, me llamó mi tío Franklin, el hermano de mi mamá para decirme que vendría a verme a Lima. Yo quiero a todos mis tíos, tanto paternos como maternos, pero por tío Franklin siempre ha habido una afinidad especial. En mi época universitaria era mi alcahuete: un tío confidente. ¡Otra alegría más! El tío Franklin pasó con nosotros una semana. Aunque se hospedó en un hotel en Miraflores, yo lo raptaba y se quedaba a dormir en casa.

¡Esos días con mi tío fueron increíbles! Conoció a Carlos, compartimos salidas, nos fuimos de noches de tragos, cantamos, bailamos, nos amanecimos. También hicimos turismo, paseos con mis hijos y conoció gran parte de la ciudad de Lima. La pasamos genial. Mi tío también tenía el afán de reanimarme, y durante esos días lo logró.

Cuando el verano llegaba a su fin, tuve que resolver dónde estudiarían mis hijos, pues la ayuda invaluable de las monjas había culminado, y yo no tenía dinero con el que asumir las mensualidades para que mis hijos continuaran estudiando allí. En ese momento comenzó la ardua labor con el nuevo colegio de mis hijos. Pero, antes de ello, visité el colegio María de las Mercedes y agradecí cada gota de amor, comprensión y paciencia por nuestro caso; también el alimento que les brindaron a mis hijos durante todo el año escolar.

Una monjita, cuyo nombre no recuerdo, me orientó bastante; incluso juntas buscamos colegio para mis hijos; batalló conmigo. Un día me llamó por teléfono y me dijo para vernos en un colegio de monjas en el distrito de Miraflores. Este colegio manejaba una matrícula y pensiones más económicas que el otro y, además, ella hablaría en beneficio de mis hijos para ver la posibilidad de una beca. Todo resultó como ella lo había previsto: aceptaron a mis hijos con beca completa para Mae, y media beca para María Guadalupe, y Gustavo sí pagaba completo. La matrícula fue exonerada. Además, el colegio me dio los uniformes.

En ese nuevo año escolar, mientras mis hijos asistían a la escuela, ya no estuve tan sola, pues Carlos no me desamparó ni de día ni de noche. Sin embargo, aquella ausencia de mi gente, cuya presencia me acompañó durante diciembre, enero y parte de febrero, era notoria. Otra vez mi tristeza se acentuó; intermitentemente iban y venían recuerdos. Me sentía agobiada y el pánico regresó a su morada.

Carlos, entonces, se dio cuenta de que yo no estaba bien, pues él no me había visto en mi verdadero sufrimiento. Cuando él llegó a mi vida, ya estaba Nhianya; además, venía de un diciembre bendecido. Quedarme sola fue volver a mi tormento. Fue ahí cuando Carlos realmente ingresó a mi alma, creándose una compenetración absoluta. Todos los días llegaba a mi casa cerca del mediodía, y se quedaba hasta altas horas de la noche. Muchas veces no regresaba a su casa; llamaba a su madre y le avisaba que se quedaría conmigo. Su compañía era grata y entregada absolutamente a nosotros, en especial a mí. Yo me fui abriendo con él, para que pudiera entender mis estados de ánimo. Él supo cada detalle de lo que había vivido.

Yo continuaba igual. Ni siquiera pensaba en buscar trabajo; me encontraba en un estado de inoperancia total, mental y física. Entonces, Carlos comenzó a atenderme con una dedicación y un amor que jamás imaginé. Él no reparaba en nada para darme su amor, tiempo y dedicación. Todos los días les llevaba el almuerzo a mis hijos. Cada vez que llegaba a casa, su mami, la señora Judith, nos mandaba algo. También estaba pendiente de la salida y llegada de mis hijos del colegio, y de todo lo que a ellos les hiciera falta. Todo lo que se suponía que debió hacer Rodolfo, lo estaba haciendo Carlos con tan solo veinticinco años de edad. Fue admirable la actitud de este joven, que asumió con toda responsabilidad mi carga familiar, emocional y económica.

Carlos está aquí, dentro de mi alma y mi corazón, y también en el de mis hijos. Su lugar es un rincón sagrado en mi vida. Lo llevaré conmigo hasta que Dios me llame a la eternidad. Él y su familia, al tomar nuestras manos, nos sacaron de aquel inhóspito lugar. Hicieron el camino más llevadero. Su amor y sus gestos de solidaridad fueron un bálsamo en medio de tanto dolor y de tantas inseguridades. Carlos fue un gran compañero. A su corta edad, estaba lleno de una madurez admirable. Asumió parte de mis obligaciones económicas y, emocionalmente, fue un combustible enorme, tanto para mis hijos como para mí.

Para el mes de agosto ya se había agotado el pago por adelantado de las rentas. Así que, en medio de algunos contratiempos, decidí mudarme a un lugar más económico, siempre con la ayuda de Carlos.

La señora Dina y Cania estaban encantadas con la valentía de aquel joven; lo admiraban de verdad. Ellas avanzaron este camino con nosotros, aunque ya un poco más tranquilas, por la presencia de Carlos. Además, Nhianya estuvo en contacto permanente; nunca se desentendió de mi situación.

Por esos días, recibí la tercera y última parte del pago de la venta de mi casa. Ya para entonces, tenía una cuenta bancaria abierta. Con ese dinero solventé deudas adquiridas durante esos dos años en los que no trabajé debido a mi estado emocional crítico. Dicho estado había menguado algo; sin embargo, aún quedaban secuelas, sobre todo a nivel de conciencia. La culpa que yo sentía era abrumadora y sentenciadora.

Estando en este nuevo departamento, llegó la fecha en que mi gran hermana de la vida, Nhianya, por segunda vez nos vino a ver, acompañada nuevamente por Amada y también por su sobrino. Fue recibida con menos dolor y menos incertidumbre; había más calma en mi hogar.

Mis hijos estudiaban; no faltaba comida y siempre se pagó la renta. Tuve mucha precaución con el dinero recibido. Una parte la invertí en mercadería que, con el apoyo de Carlos, la vendimos dentro de su entorno social. Se trataba de productos de uso diario, para damas y caballeros (ropa, perfumes, carteras, maquillaje, etc.). Gran parte de esta mercadería la trajo Nhianya, que la compró con dinero que le giré, ya que, en ese momento, comprar en Venezuela y vender aquí era rentable.

En este viaje, Nhianya agradeció a Carlos por hacer honor a su promesa. La estadía de Nhianya fue de solo una semana, pero muy intensa. Me ratificó su proyecto de vida en Lima, pues ya había iniciado en Venezuela todos los arreglos con el propósito de instalarse con nosotros. Cada vez faltaba menos para que se quedara definitivamente. El día de su retorno, Carlos le entregó como obsequio y recuerdo un juego de bijoutería en plata, típico del Perú.

Por esos días, recibí un correo desconocido. Se trataba de la ex de Rodolfo, aquella mujer que lo acompañó durante el viaje a Colombia. Por unos segundos sentí escalofríos. En su correo se presentó con mucho respeto y educación, y me solicitó la oportunidad de encontrarnos para conversar. Dijo que tenía que entregarme algo muy importante. Yo accedí y le di mi número de teléfono.

Acordamos vernos en mi casa al día siguiente. Fue una reunión muy breve, pues la verdad, yo no estaba a gusto. Por mucho que tuviera que decirme, para mí ella era su cómplice. No tengo idea de qué la motivó a buscarme. Seguro fue la conciencia. Al estar frente a mí, lo primero que hizo fue darme aquello tan importante que había mencionado: mi certificado con el título de abogado. Me dijo: «Esto es tuyo y, por lo tanto, tiene que volver a ti. Lo rescaté de las cosas que Rodolfo llevó en su maleta a Colombia». Entonces, supe que Rodolfo, finalmente, volvió a Colombia con ella, para huir del proceso judicial aquí iniciado y que, en vista de su incumplimiento, quedó inconcluso. Yo, después de firmar el acuerdo, no volví a intentar nada. Él se marchó con ella y mi dinero.

Ella me contó que estuvieron juntos por un tiempo, pero la relación se tornó un infierno. Cuando se terminó el dinero, él comenzó a vivir de ella, sometiéndola por un tiempo, hasta que él abandonó Colombia y retornó a Venezuela. Yo solo la escuché sin emitir ningún juicio. Tomé mi título y la despedí.

Después de esto, me quedó la inquietud sobre Rodolfo. Qué sería de él, cómo había hecho para ingresar a Venezuela y en qué condiciones estaba allí. Empecé a investigar un poco con algunos contactos. No fue mucho lo que pude averiguar. Sin embargo, por fuentes fidedignas, supe que, antes de su ingreso a Venezuela, había concertado acuerdos con un miembro del gobierno, Aldo

Cermeño. Entonces, dio declaraciones públicas en la prensa y medios de comunicación, y terminó vendiéndose al régimen, siendo uno más del nefasto gobierno. También supe que esto duró un tiempo determinado. Luego volvió a ser opositor al gobierno, «guardando siempre intereses». Actualmente, está bien colocado en el estado Falcón. Tiene una nueva familia, un trabajo estable y sigue como politiquero, ya que su labor no es la de un político.

En esa época, yo comencé a preparar postres, que vendí conjuntamente con la mercadería, ayudada por Carlos. Haciendo esto, me sentía útil, y aunque era poco, al menos me aportaba algo para la casa.

La familia de Carlos nos hacía partícipe de todas sus reuniones familiares, así que comenzamos a socializar un poco y a conocer a más personas. Nada de esto cambió mi estado interno, de derrota y culpa. Yo me sentía como un cuerpo vacío, y aunque jamás dejé de orar, mis oraciones eran mecánicas, pues no estaban cargadas de devoción.

Mi historia en ese departamento fue breve. Vivimos allí solo seis meses. Para finales de julio, inicié mi nueva mudanza. Esta vez busqué un lugar cerca del colegio de mis hijos; así, evitaba el costo de la movilidad escolar. El departamento que conseguí no quedaba tan cerca, pero ya mis hijos estaban más grandes y comenzaron a tener la responsabilidad de ir y regresar solos. Solo los primeros días yo los acompañé. Mae y Gustavo cuidaban muy bien a María Guadalupe.

Para pagar el alquiler, utilicé el mes de garantía del departamento anterior, que me fue devuelto; el resto lo había juntado de las ventas con Carlos. En el nuevo departamento dediqué más tiempo a los postres y comencé a vender más. Me sentía con mejor ánimo.

Fue un momento de olas altas y bajas, con recuerdos muy dolorosos y relámpagos de ánimo, que me daban impulso. Comencé también a postular en bolsas de trabajo, aunque también a sentir una frustración inmensa. Era increíble: postulaba a infinidad de vacantes, y jamás cerraba un contrato laboral; pasaba por todas las entrevistas y nada. Me decían que mi CV demandaba un cargo o un salario superior al que ofrecían. En reiteradas entrevistas, insistí en que estaba dispuesta a hacer lo que tocara: si tenía que limpiar los baños, lo haría. Quería sentirme útil, y estaba en la imperiosa necesidad de generar ingresos.

Al ver estos intentos todos fallidos, mi amiga Cania habló con su jefe, el señor José Luis, para ver si había alguna oportunidad en la cadena de pastelerías y panaderías donde ella se desempeñaba en atención en barra. Al cabo de una semana, recibí una llamada de este señor. Nos reunimos, le entregué mi CV y quedó en llamarme. En esa oportunidad, no me llamó.

Ya para este entonces, yo me sentía con un poco más de energía. Si bien, moralmente seguía destruida, las fuerzas físicas me bastaban para continuar buscando algún empleo. Apliqué a más de doscientas vacantes y tuve cerca de veinte entrevistas, todas prometedoras. Quedaban encantados con mi CV; no obstante, siempre destacaban que el cargo, en cuanto al salario, no se ajustaba a mi perfil.

Nunca me llamaron para ningún empleo. Eso me golpeó y desmoralizó muchísimo. Pasé meses buscando empleo y aplicando a convocatorias. Hubo entrevistas en las que, además de la parte académica, el representante de recursos humanos indagaba un poco más sobre el postulante. Yo sabía que mi mirada me delataba; muchísimas personas, sin motivo, incluso sin conocerme, se me acercaban y me preguntaban si me podían ayudar en algo. Conocí a otras que me decían: «¡A usted le sucede algo!». Otros me comentaban: «Al hablar, denotas que te sientes fracasada». Cada uno de ellos tenía absoluta razón: en mí algo sucedía, algo que estaba fuera de mi control. En algunas de las entrevistas terminé llorando y temblando; en otras, supongo que no pasé la prueba psicológica.

A lo largo de todo este tiempo, recibí el apoyo económico de Carlos, pues el ingreso de los postres no era suficiente para cubrir los gastos demandados en un núcleo familiar. Así fue, hasta que llegó el momento en que él tampoco podía cubrir todos los gastos. Fue cuando el señor José Luis, jefe de Cania, me volvió a citar. Fui contratada de palabra, jamás firmé contrato y el salario fue el mínimo; no alcanzaba ni para una renta, pero teniendo el apoyo de Carlos, sería de gran aporte.

La pastelería quedaba en Miraflores, justo frente del colegio de mis hijos. En ese trabajo duré solo tres meses. Un día inesperado, llegó el señor José Luis, quien era mi jefe inmediato, y me invito un café; allí mismo me dijo que, lamentablemente, no podía seguir trabajando más. Yo rompí a llorar. Él se puso nervioso y me ofreció disculpas, pero no me explicó el motivo. Me dijo que me alistara, que él me llevaría a casa. En todo el camino lloré desconsoladamente. Al llegar, me dio un abrazo fraterno y me dijo que estuviera tranquila. Él no conocía detalles de mi vida, pero estoy segura de que Cania, de buena fe, algo le había comentado para que la posibilidad de trabajar fuera considerada con más cuidado. Cuando ingresé al departamento, mis hijos supieron de inmediato que había perdido el trabajo, pues mi cara era un poema de dolor y de preocupación.

A pesar de lo sucedido, el señor José Luis pasó a formar parte importante en nuestras vidas. Una vez al mes me llamaba para saludarme y para invitarme un café o tomar desayuno. Al momento de despedirnos, siempre me daba algún apoyo o comida directamente. Hacía esto constantemente; a veces desaparecía, pero a los dos o tres meses allí estaba. Jamás me hizo ninguna propuesta indecente. Siempre fue intachable y me dio la mano. Y cuando era el cumpleaños de alguno de nosotros, aparecía con algún detalle o un almuerzo familiar.

Ya se aproximaba el pago mensual de la renta, y no había logrado juntar el dinero. Entonces, tomé la decisión de llamar al propietario del departamento para reunirnos y conversar. Tenía decidido desocupar el departamento; luego resolvía el techo para mis hijos y para mí. En ese momento, lo importante era no dejar avanzar un mes más y llegar a un acuerdo. El propietario se presentó a mi llamado. Le hice saber de mi situación de desempleo y le solicité la posibilidad de vivir un mes más allí y que el mes de garantía lo tomara como pago. Así, yo tendría un mes para buscar una rápida solución.

Una vez más, viví el abuso hacía la vulnerabilidad. Al exponerle mi situación, el señor, médico de profesión, me respondió: «No se preocupe, estamos para darnos la mano. Yo no podría quitarle a usted el mes de garantía, sabiendo por lo que está pasando y que es una madre sola con tres hijos. Vamos a resolver esto de una manera favorable para usted y sus hijitos». A esto, yo respondí: «Dios lo bendiga y muchísimas gracias. Dígame, ¿cómo podemos hacer?, ¿qué me propone?». Él respondió sin vacilar: «Esta noche paso por usted y nos vamos a un jacuzzi con una botella de vino, y usted no se preocupa por el pago mensual de la renta hasta que su situación mejore».

Yo me encontraba sola frente a un hombre totalmente desconocido y ante un planteamiento bajo y detestable. Con gran sumisión, sin ni siquiera manifestar asombro en mis gestos, le dije: «Deme tres minutos, por favor». Me levanté de la silla y, cuando pasé a su lado, sentí que colocó su mano en mis glúteos y me dio una palmada; suspiré y continúe caminado. Le dije: «Voy al baño, ya vengo». Me dirigí hacia mi habitación, rápidamente llamé a Carlos y le conté lo que estaba sucediendo. Él solo alcanzó a decirme: «Trata de retenerlo quince minutos» y colgó.

Tardé un poco más en la habitación, porque estaba aterrada. ¡No sabía qué hacer! ¿Cómo lo iba a distraer? Me llené de coraje, respiré profundo, exhalé y salí. Tomé nuevamente asiento frente a él. En ese momento, se me ocurrió decirle: «Dígame, doctor, dónde usted atiende, para que por favor me haga un chequeo médico, porque he tenido un poco de dolor en la pierna derecha». El respondió: «Si gustas, aquí mismo la puedo examinar». Ya el tiempo estaba calculado: Carlos nunca me fallaba.

El ascensor de este edificio llegaba directo a la puerta del departamento y Carlos tenía llaves para ingresar. Así que, esperándolo, acepté la propuesta de ser examinada y los dos nos levantamos de las sillas ocupadas. No pasaron ni cinco pasos, cuando escuché las llaves. El alma me volvió al cuerpo. Carlos había llegado y, además, en compañía de dos policías. Se le fue encima al hombre. Mis piernas no respondieron, caí en el suelo y me salió un llanto incontrolable. Los dos policías lograron detener la furia de Carlos y le ordenaron al propietario del departamento que, de inmediato, desalojara el lugar. Bajaron los tres y Carlos se quedó conmigo; me dio un abrazo cargado de seguridad y bajamos. Abajo, las autoridades levantaron parte de lo ocurrido que relaté y al dueño se lo llevaron. No supe cuál fue su suerte final. Me dijeron que al día siguiente fuera a la comisaría.

A primera hora me presenté en la comisaría, donde me dieron el parte levantado. La misma policía me propuso que entregara a ellos mismos el inmueble; a los treinta días, ellos, previa inspección, lo recibirían. El día de la entrega se levantaría otro parte, dejando constancia del estado de la propiedad y la entrega de las llaves. Luego de hacer esta diligencia, llegué al departamento; generalmente en los momentos en que estaba sola había mucha reflexión en mí.

Hice un recorrido por mi mente, que fue una autoflagelación por mis decisiones equivocadas, lo cual me llevó a un estado depresivo. No dormí en toda la noche y, apenas salió el sol, me fui donde mi amiga Cania, para desahogarme con ella. Luego de escucharme, me invito un café y me recomendó ver a un psiquiatra, ya que me veía muy afectada y guardaba temor por mis hijos. Ella tenía razón; mis emociones eran inestables y tenía pensamientos que me sofocaban demasiado. Lloraba, al menos, diez horas al día; era algo incontrolable. Por más que buscaba consuelo, nada me daba tranquilidad. Pensaba en mis hijos, hermanas, cuñados, sobrinos y en mis padres; por momentos quería separarme de Carlos. Mi mente me llevaba a un estado de ansiedad, ira y estrés que colocaban mi vida en una amenaza y peligro constante.

Cania me dio una dirección y dinero para los pasajes. En bus urbano, fui hasta un hospital psiquiátrico inmenso. El acceso de emergencia era por un zaguán; allí pedí que me permitieran ingresar para una consulta, pero el vigilante se negó porque no se atendía a pacientes sin que estuvieran acompañados por un familiar. Yo le supliqué arrodillada y le dije que estaba a punto de morir, que por favor me ayudara; una vez más se negó. Me recosté contra el portal a llorar y a gritar auxilio varias veces.

Desde adentro, vi cómo un hombre de bata blanca se acercó, buscando quién gritaba; al verme, se agachó para estar a mi altura, lo abracé y llorando le dije que me ayudara, que me quería morir. Él me vio con ojos de Dios, me dio su mano y me ayudó a levantarme. Luego me preguntó si tenía familia y le dije que estaba sola, salvo por mis hijos, que eran menores. Él insistió: «¿No tienes a nadie?». «No, a nadie. Los míos están en Venezuela y yo solo quiero morirme y desaparecer».

Finalmente, ese médico apretó mi mano y me dijo: «Ven, entremos»; me llevó a un consultorio y me atendió. Le conté todo lo que me había sucedido desde que llegué; le hablé de mis hijos, de mis frustraciones, de mis ganas de morir, de mi ansiedad. Él me escuchó con gran atención, aplicó sus conocimientos y me indicó el tratamiento que ese hospital psiquiátrico me daría de modo gratuito. Luego me dejó en reposo un par de horas. Salí de allí temblando; en todo el trayecto de regreso a casa busqué desesperadamente a una de mis hermanas en cada rostro que se me cruzaba. Esa sensación es mortal.

A mis padres los extrañé cada día. Sin embargo, la búsqueda incesante de mis hermanas no era porque las extrañaba más que a mis padres, sino porque la fuerza que ellas me podían dar era aquella con la que fuimos criadas, con mucha unión. Mis padres estaban en otro ángulo emocional. Es un sentimiento de amor puro en ambos casos, pero diferentes.

Comencé a tomar las pastillas que me tumbaban día y noche, y no me permitían salir de la cama. Así estuve por una semana; entonces suspendí voluntariamente el tratamiento. No podía continuarlo, pues sentía que me estaba apagando más y más cada día, y tenía mucho miedo de que mis hijos se quedaran solos. Sacaba fuerzas hasta para respirar y no sé de dónde provenían; serían del cielo. El tratamiento llegó hasta allí. Con el apoyo de Carlos, salí de la cama para continuar dando batalla.

Llegó diciembre, fechas duras para mí, lejos de mi familia y con Navidades muy carentes para mis hijos. Carlos, siempre en su papel de héroe, nos llevó a su casa en esas fiestas. Su familia nos acogió de manera especial y afectuosa. Cada uno de mis hijos recibió obsequios y también yo.

Carlos hacía todo lo humanamente posible para mejorar mi vida y la de mis hijos. Dentro de todo, pasamos las fiestas navideñas en un núcleo familiar que nos brindó mucho amor y afecto.

Ese año, con el corazón, extrañé a mis hermanas, y en cada mes que pasaba se apagaba la esperanza de recibir la visita de, al menos, una de ellas.

Capítulo 6

Año 2014

Durante los treinta días de enero que yo tenía a mi favor para resolver la situación de emergencia de techo, Carlos habló con sus padres sobre la posibilidad de llevarnos a vivir con ellos, el señor Luis y la señora Judith, personas increíblemente maravillosas, bondadosas y compasivas. Yo consideraba aquella posibilidad muy remota. Aunque sus padres eran buenas personas, pensé que mi realidad representaría para ellos una preocupación, ver a su joven hijo llevando una vida muy complicada por mi situación, edad, extranjera y ser madre sola de tres hijos. Era realmente una carga grande.

Faltando poco para cumplirse los treinta días de plazo, Carlos me dijo que, para sus padres, al margen de cualquier opinión interna que pudieran tener, siempre iba a prevalecer el bienestar y la felicidad de él como hijo; y si darnos su amparo le daba tranquilidad y felicidad a él, entonces no había nada que discutir. Le dijeron que la mujer y la familia que él eligiera era la que ellos iban a querer y que, por favor, de inmediato hiciéramos el traslado.

Cuando Carlos me informó esto, sentí dudas de todo tipo: económicas, morales, existenciales... En fin, todo era tan incierto, que poco valía mi criterio. Y como no tenía familia en Lima, mis opciones eran pocas, por no decir que era la única. Entonces decidí vender todo lo que tenía, ya que en casa de Carlos no entraría nada. Eso me deprimió mucho, pues cuando me pudiera mudar de nuevo con mis hijos, no tendría nada para habilitar mi casa. Todo lo vendí a cualquier precio: la lavadora, la nevera, las camas, los juguetes de María Guadalupe, el televisor, la PC, los utensilios de cocina, el comedor, entre otros; solo conservé la cocina. Mi único consuelo era que, con ese dinero, aportaría en la casa de Carlos y podría darles a mis hijos alguna atención.

El 29 de enero de 2014 entregué el departamento ante la comisaría, como estaba previsto. El señor Luis y Carlos llegaron con aquella disposición tan grande de servicio y me ayudaron a trasladar lo poco que quedaba, sobre todo prendas de vestir y los escasos juguetes de María Guadalupe.

La casa familiar de Carlos se ubica en el distrito de Surquillo. Allí nos habilitaron una habitación, donde estábamos bien. Al principio me sentía algo extraña, pues era la primera vez, desde que me convertí en adulta, que vivía en un hogar con otra familia; ni siquiera con la mía lo había experimentado. En esta ocasión, lo que más me golpeó fue la falta de independencia y autosuficiencia que siempre me caracterizó. A pesar de haber vivido tan duros momentos en Lima, siempre los enfrenté sola, al igual que mis miedos, prejuicios, incluso mi soberbia y vanidad. Seguía en condiciones económicas críticas, pero esta vez frente a otras personas y bajo el mismo techo. Ello representaba un golpe bajo a mi orgullo. Sin embargo, lo manejé como pude y, la verdad, no fue fácil, ya que me sentía en estado interno contradictorio: de agradecimiento y, a la vez, de orgullo triturado. La convivencia en esta casa fue siempre buena, con calor familiar, mucho amor y apoyo de todo tipo.

Mientras tanto, Nhianya, mi hermana de la vida, estaba feliz y orgullosa de Carlos. Esta mudanza le dio una tranquilidad inmensa. Ella y yo mantuvimos contacto permanente y, además, con Mae tenía una comunicación superafectiva, tal cual una tía, brindándole consejos y entregándole su confianza total.

La familia de Carlos estaba integrada por el señor Luis, la señora Judith y cuatro hijos: tres varones y una mujer; además, estaba la bella abuelita (mamá de la señora Judith). Carlos era el hijo menor y el único soltero; todos los demás ya estaban casados y con hijos. Cada uno de ellos se portó de forma especial con mis hijos y conmigo. Fue nuestra familia limeña en todos los sentidos. Los gestos más empoderados de amor, protección y seguridad los identifico en la familia Thompson Devia. Sin ellos, esta batalla no hubiese sido posible. Los amo desde lo más profundo de mi alma.

En esa época, en la Venezuela azotada por el régimen se podía adquirir cupos de dólares solo por internet. Esta era la única ayuda que mis padres me podían brindar, ya que, desde años atrás, fue instaurado el control de cambio, por lo que no había divisas en el país. Con estos cupos, mi padre compraba, vía internet, *gift cards* de una línea de supermercados de acá; yo las retiraba y aportaba un poco en la comida, con lo que lograba sentirme mejor, pero la familia de Carlos jamás me exigió nada. La señora Judith me recalcaba que no hacía falta y que no me preocupara.

Viviendo allí, conocí a una chica de nombre Katy, que tenía una peluquería cerca, donde me atiendo hasta la actualidad. Katy y yo comenzamos una amistad muy transparente, que fue fortaleciéndose poco a poco. En poco tiempo, me fui abriendo con ella y le conté mi vida. Desde ese momento, Katy formó parte de esta historia; algunas temporadas juntas y otras circunstancialmente separadas, pero siempre unidas en afecto y en contacto por teléfono.

Para ese entonces, Katy era miembro de la comunidad católica Pueblo de Dios. Yo vengo de un hogar con firmes valores católicos y padres ortodoxos; podría decir que de la extrema derecha de la iglesia. Siempre fui una fiel creyente: asistía a misa los domingos, oraba permanentemente y había cumplido con recibir los sacramentos, salvo con el matrimonio religioso. En su momento solo contraje matrimonio civil. Me encantaría casarme por la Iglesia; dicen que nunca es tarde.

En Venezuela rezaba el rosario eventualmente. En Lima se me hizo costumbre diaria desde que comencé a caminar un infierno de la mano de Dios. En medio de todo lo oscuro y de mi deprimida fe, yo sentía que el rosario era mi mejor arma y nunca lo solté. Mis rezos eran en modo automático y, a veces, hacía uno o dos rosarios al día. De alguna extraña manera, rezar el rosario me reseteaba la vida por minutos y eso hacía posible que yo diera un paso más, lo cual era suficiente. Detrás de cada rezo estaba la imagen de la Virgen de Guadalupe. Yo la visualicé perfectamente muchas veces.

Katy y yo intercambiamos algunas palabras sobre nuestra fe y coincidimos. Así que me invitó a conocer Pueblo de Dios. Acepté y la acompañé. Pueblo de Dios es una comunidad maravillosa. Su propósito es, según mi criterio, sanar a las personas, ayudarlas a sobreponerse, darles fortaleza y alimentar su fe. Todo mediante la oración a la Virgen y la adoración a Dios. En Pueblo de Dios se le guarda devoción a la Virgen y se tiene una fe inquebrantable en su intercesión.

Allí conocí a personas que siempre sumaban a mi vida. Cada vez que asistía, regresaba a casa con un poco más de fuerza. En esa comunidad tuve las experiencias más sanadoras para mi alma. Fue allí, además, donde hice contacto con el Espíritu Santo y, sin duda, se inició mi relación íntima con Dios. Antes pregonaba que yo era fiel creyente y me daba golpes en el pecho por asistir a una misa dominical. Estaba equivocada. Sí, en efecto iba a misa y me sentía fiel creyente, pero jamás pude saborear una relación íntima con Dios. En Pueblo de Dios viví momentos divinos.

Un domingo, a las ocho de la noche, me encontraba muy mal, con más de cuatro horas seguidas llorando. En los escasos momentos de mi ferviente fe, siempre hubo algo que la desplomaba, y ese día no fue la excepción. Entonces asistí a Pueblo de Dios y me senté en la última fila. En medio de la oración, con las luces apagadas, se inició la adoración al Espíritu Santo y quien tenía la voz de mando manifestó que ya estaba presente entre nosotros. Para la comunidad, este era un momento sublime y sagrado. Yo me llené de duda al verme sumergida en medio de aquellas personas, y no creí nada. Cuando estaba por abandonar el lugar, muy fastidiada, cerré los ojos y pensé: «Dios, yo no creo en esto. Cómo pueden decir que el Espíritu Santo está aquí, entre nosotros. Así que me perdonas. Si quieres que me quede, tú mismo hazme saber que estás aquí». Apenas pensé esto, sentí un peso en el hombro y una voz dulce y amorosa me dijo en el oído derecho: «Anaí, soy tu padre y estoy aquí a tu lado, hija».

Yo había estado todo el momento con los ojos cerrados y recién allí los abrí, percatándome de que había sido un hermano de la comunidad el que había puesto su mano en mi hombro y me había hablado al oído. Dios se había manifestado por intermedio de él. ¡Lloré más! Enseguida, de rodillas, respondí: ¡Gracias, Padre! Aquí me tienes.

Otra prueba de la presencia de Dios tuvo lugar en un retiro espiritual. En una dinámica muy agradable, se propuso que cada hermano le dijera algo de Dios a otro hermano: podía ser un mensaje, una cita bíblica, etc. Una vez más me encontraba llorando y mi mente volaba en otras cosas; pese a ello, logré escuchar la misión de la dinámica. Omití la indicación y solo elevé mi pensamiento: «Dios, ¿qué soy? ¿De qué sirvo aquí? ¡No puedo más con mi vida!».

Esta vez, una hermana se dirigió directamente a mí y me dijo: «Hermana, te tengo un mensaje de Dios, que dice que eres la mujer perfecta y que te veas en Proverbios 31: 10-31». Vale la pena citar este fragmento:

> 10 ¿Quién encontrará a una mujer ideal?
> Vale mucho más que las piedras preciosas.
> 11 Su marido confía plenamente en ella
> y no le faltan ganancias.
> 12 Le da beneficios sin mengua
> todos los días de su vida.
> 13 Adquiere lana y lino
> y los trabaja con finas manos.
> 14 Es como un barco mercante
> que de lejos trae provisiones.
> 15 Se levanta cuando aún es de noche
> para dar de comer a su familia
> y organizar a sus criadas.
> 16 Examina y compra tierras,
> con sus ganancias planta viñas.
> 17 Se arremanga con decisión
> y trabaja con energía.
> 18 Comprueba si sus negocios van bien
> y de noche no apaga su lámpara.
> 19 Sus manos se aplican al telar

y sus dedos manejan la aguja.
20 Tiende sus manos al necesitado
y ofrece su ayuda al indigente.
21 No teme por su familia cuando nieva,
pues todos los suyos van bien abrigados.
22 Fabrica sus propias mantas
y se viste con las telas más finas.
23 Su marido es conocido en la ciudad
y se sienta con los ancianos del lugar.
24 Teje y vende prendas de lino
y provee de cinturones al comerciante.
25 Va vestida de fuerza y dignidad
y mira con optimismo el porvenir.
26 Abre su boca con sabiduría
y su lengua instruye con cariño.
27 Vigila la marcha de su casa
y no come el pan de balde.
28 Sus hijos se apresuran a felicitarla
y su marido entona su alabanza:
29 Muchas mujeres han hecho proezas,
¡pero tú las superas a todas!
30 Engañoso es el encanto y fugaz la belleza;
la mujer que respeta al Señor es digna de alabanza.
31 Recompensadle el fruto de su trabajo
y que sus obras publiquen su alabanza.

Mi impresión fue brutal. Una vez más, de rodillas en suelo, comencé a orar sin parar y a pedir perdón por dudar tanto y nunca creer firmemente. Como estas experiencias, viví muchas más.

Un domingo invité a mis hijos a que me acompañaran a Pueblo de Dios, pero ellos no quisieron. Luego de insistirles varios domingos, aceptaron y me acompañaron. Al principio se mostraron incrédulos, aunque se trataba de una entidad católica, religión que siempre habíamos profesado y en la que habían sido criados.

Cada uno de mis hijos tuvo, al menos, una experiencia personal en Pueblo de Dios, lo cual afianzó su confianza en esta comunidad y los ayudó a continuar por este camino. Carlos, eventualmente, me acompañaba a misa, pero nunca asistió conmigo a la comunidad. Tanto él como su familia profesan la religión católica.

Por la zona me hice conocida rápidamente, pues siempre bajaba a hacer una que otra compra, o a saludar a Katy. Por esos días, una chica, dueña de una tienda, me ofreció un trabajo informal: apoyarla en abrir, ordenar y limpiar su tienda, y a veces atender a algún cliente; algo pasajero, a lo mucho dos meses. Allí conocí a una mujer cuyo nombre me reservo; una señora muy dulce y amable. A las dos semanas, me pidió conversar conmigo y me citó en su casa. Era empresaria y me explicó a qué se dedicaba. Luego me hizo una propuesta de trabajo. Me tomó por sorpresa: era un trabajo bien pagado y yo estaba desempleada. Se trataba de un cargo de confianza y jerarquía en su empresa, que brindaba servicios tercerizados (outsourcing) a otras empresas privadas. ¡Excelente! Acepté la propuesta.

Muy emocionada, llegué a casa de Carlos y les conté la noticia; todos estuvieron de acuerdo y me brindaron el apoyo necesario. En menos de una semana, ya estaba incorporada al trabajo. Durante esos primeros días, mi jefa me planteó la posibilidad de independizarme. Sin duda, creía en mí. Ella misma se ocupó de buscar un departamento, hizo todas las gestiones y, además, me dio todo el respaldo económico para pagar el alquiler y amoblarlo. El acuerdo era ir descontando esto en fracciones de mi salario, siempre con facilidades y de acuerdo a mi situación. Todo se llevó a cabo como ella lo planteó.

A la segunda semana, ya estaba instalada en el nuevo departamento que, felizmente, quedaba a la espalda de la casa de Carlos. Antes de la mudanza, le comuniqué a Carlos y a su familia sobre la decisión tomada, y les manifesté mi mayor agradecimiento por la estadía en su hogar, por su amor, protección y calor familiar.

Días antes de la mudanza, mi hija Mae recibiría el sacramento de la confirmación. La ceremonia fue en el colegio Hosanna y Carlos fue el padrino. Así se creó un lazo inquebrantable y de por vida con Carlos.

Además de la oportunidad de trabajo, mi jefa tenía otros negocios extra; es una mujer polifacética. Yo me identifiqué mucho con mi jefa, pues en ella veía a la Anaí de Venezuela: atrevida, emprendedora, valiente y sobre todo autosuficiente. Cuando anteriormente se me había presentado la posibilidad de un negocio extra, yo no tenía capital. Entonces, acudí donde mi cuñado Kaduo y le solicité un préstamo; él no dudó en dármelo. Lamentablemente, nos fue mal y el dinero se volvió sal y agua. Pero en mi nuevo trabajo todo era alentador y prometedor; esto me dio algo de calma ante la responsabilidad de pagar aquel préstamo, que jamás pude pagar. Espero poder honrar esta y otras deudas adquiridas en esta travesía. Mi responsabilidad constantemente me llama a honrar lo que debe ser honrado y, en ese sentido, le ruego a Dios unos cuantos años más de vida para tener la oportunidad de sentirme en paz, correspondiendo gestos de ayuda recibidos.

Mi relación con Carlos continuaba, con algunos altos y bajos, normales de toda relación, pero siempre juntos. Carlos siempre fue un hombre incondicional en la vida de mis hijos y en la mía.

En este trabajo duré cerca de diez meses. Mi experiencia laboral fue maravillosa y reconfortante. Después de todo, estaba comenzando a sentir de nuevo empoderamiento e independencia. Durante los meses trabajados, en casa no faltó nada. La economía estaba en equilibrio. Pero hubo algunos contratiempos derivados de diferencias entre mi jefa y su socia. Yo siempre me entendí y traté directamente con mi jefa, con quien mantenía una empatía especial. Estas desavenencias trajeron como consecuencia la disolución de la sociedad y, por ende, la empresa dejó de prestar sus servicios. Mi jefa, que conocía mi historia, viajó a su ciudad natal por fiestas decembrinas. Desde allá me llamó y me pidió que la esperara, que ella llegaría para buscar alguna solución para que yo no me viera afectada.

La víspera de Navidad, junto con mis hijos fuimos al parque Kennedy, en el distrito de Miraflores, y buscamos un lugar donde comer algo, y retornamos a casa luego de la medianoche. Año Nuevo lo pasamos en casa de Carlos, reunidos en familia.

A fines de ese año, mi hermana mayor Naivy me anunció su próxima visita para enero. Esa noticia nos alegró la vida. Sentí que Dios me estaba dando aquel regalo. Tenerla a ella en pocos días me hacía sentir que un pedazo de cada una de mis hermanas vendría con ella.

Capítulo 7

Año 2015

Mi hermana Naivy llegó a Lima durante la primera semana de enero. Todos, hasta Princesa, fuimos a recibirla al aeropuerto. Fue un momento muy emotivo; otro regalo divino del cielo. Luego de casi cuatro años, me reuní con mi hermana. Ella, con sentimientos reflejados en su rostro y lágrimas ineludibles que brotaron de sus ojos, dejó en evidencia la consagración de su amor hacia nosotros. Ver a sus sobrinos y a su hermana la quebró.

Mi amiga Nhianya, siempre en contacto conmigo, al enterarse de esta visita, sintió gran alegría y calma. Ella seguía en Venezuela arreglando sus papeles, lo cual resultaba un poco largo, ya que solicitaba que el Estado le otorgara la condición de inhabilitación laboral; así, su jubilación saldría a muy temprana edad. Todo esto debido a un cuadro de salud nada comprometedor. Tenía problemas en su columna. Esta jubilación era en cuanto al rubro de educación, porque ella, como abogada, ejercía independientemente, al igual que yo.

Estando mi hermana aquí, regresó mi jefa de su viaje. Le pedí que, mientras Naivy estuviera acá, me permitiera compartir con ella el máximo de tiempo. Al fin y al cabo, la empresa no estaba operativa. Ella entendió perfectamente.

Hicimos algo de turismo por Lima, y también algunos paseos con Carlos y toda su familia. Durante esos primeros siete días, le brindé a mi jefa apoyo en asuntos personales.

Naivy, al ser la hermana mayor, se sentía con autoridad suficiente para dirigirse a sus hermanas y a todo el mundo con gran ímpetu, siendo muy dura cuando daba su punto de vista. En mi opinión, le faltaba empatía. Rescato que es un ser maravilloso y no tengo duda de que mi sufrimiento también era el de ella, a pesar de que ella desconocía detalles de nuestra supervivencia en Lima y tampoco sabía de los traumáticos momentos vividos al lado de Rodolfo. Ni ella ni nadie de mi familia conocían los detalles. De mis hermanas, fue ella la única que rechazó totalmente mi relación con Rodolfo. Las cuatro hermanas somos muy unidas; nuestras diferencias son de carácter.

Felizmente, Naivy también estuvo para mi cumpleaños. Hicimos una reunión en casa. Nos acompañaron mi jefa y Carlos con sus respectivas familias.

En esa semana, mi hermana recibió una llamada de su hijo mayor desde Miami, anunciándole, de forma sorpresiva, que se casaba en cuestión de días. Ese mismo día se dirigió a una agencia de viajes a cambiar su destino y fecha de viaje: Estados Unidos, y en dos días. Frente a este escenario, sentí un vacío en el estómago y una gran tristeza; mis hijos igual. Emocionalmente, nos desvanecimos, pues, en esos días, ella fue nuestra fuerza en todo, y el tiempo de su estadía no había sido suficiente para recargarnos de amor, ni para yo vaciar todo aquello que llevaba dentro.

Me reuní con mi jefa para conversar sobre el cese de mis funciones en la empresa. Hubo malentendidos y problemas económicos: mis últimos dos meses de salario no me fueron cancelados, ocasionando un bajón grande en mi estabilidad. La luz me fue cortada y el mes de renta no lo pagué; esto se repitió en los tres meses sucesivos, que fueron de escasez total.

Mientras tanto, mi relación con Carlos iba en declive, así que era incapaz de pedirle ayuda. Preferí callarme y tratar de resolver como fuera la situación. Todo volvió otra vez a ser incierto, y me embargaron la inseguridad, los nervios y el miedo. Comencé a sentir el pánico de los años anteriores. Yo solo tenía vacaciones emocionales periódicas y estas se daban en los intervalos en que trabajaba, cuando recibía a algún familiar o en algunos momentos en que me relajaba un poco y sentía alguna esperanza. La mayor parte del tiempo, mi fe era muy remota y mi estado, siempre de desesperación.

A pesar de que estábamos en verano y, por consiguiente, en vacaciones escolares, habían quedado pendientes por pagar las mensualidades de María Guadalupe y Gustavo. Este había sido el último año escolar de Mae, que finalizó su secundaria.

Todo era un caos. Pasé tres meses sin luz y me tuve que ayudar con velas. Era espantoso enfrentar aquella situación frente a mis hijos. Más allá de eso, lo más duro era mi estado anímico. Yo batallaba con algo más fuerte que mis ganas y mi voluntad; era una derrota perturbadora y me sentía asolada.

Cansada de ver a mis hijos pasando tanta necesidad, fui a una ferretería cercana. Mientras caminaba, lloraba desconsoladamente; a mi mente venían imágenes de Rodolfo y de cada una de sus acciones. Sentía repulsión por mí misma; era un sentimiento de culpa indomable. Todas las personas me veían como si yo estuviera loca. Iba llorando y, en ocasiones hablaba sola, tal vez pensaba en voz alta.

Llegué a la ferretería y, entre lágrimas, pregunté al dependiente si me podía vender la herramienta que se utiliza para poner la luz cuando el servicio había sido suspendido. Enseguida la sacó, pero yo tenía en mi cartera solo dos dólares y no me alcanzaba, pues su precio era de cuatro dólares. Regresé decidida a conseguir esos dos dólares faltantes; cuando lo hice, volví a la ferretería. Llegué a la casa, me lavé la cara y le dije a mis hijos: «Voy a resolver lo de la luz». Mis hijos, sin entender nada, se miraron entre ellos. Cuando María Guadalupe comenzó a llorar, más fuerza sentí para hacerlo; ella quiso bajar conmigo.

Bajamos y, sin un ápice de miedo, abrí el cajón de la luz; ubiqué el medidor del departamento, metí mi mano con la llave e hice lo que supuse era lo correcto. ¡Casi nos costó la vida! Hubo una explosión que dejó mi cara negra ahumada, solo alcancé a empujar a María Guadalupe con todas mis fuerzas, llevada por mi instinto de madre. Definitivamente, fue un milagro de Dios que estemos vivas las dos. El edificio y la calle quedaron sin luz. Me sentía aterrada por las consecuencias de aquel acto tan irresponsable; me dio una crisis de pánico. Subimos deprisa sin decir nada y todos nos metimos a una habitación. Jamás le conté a Carlos lo ocurrido, ni antes ni después; me daba vergüenza. Así que callé.

Al día siguiente, salí a la calle y caminé sin rumbo; lloraba muchísimo. De pronto, recordé a un señor que tenía un negocio y que estaba a la orden para cualquier necesidad que yo tuviera. A él lo conocí por medio de mi hija Mae, quien, para ese entonces, voluntariamente había decidido buscar un trabajo que ayudara en el hogar; aun siendo menor de edad, lo consiguió.

El trabajo de Mae consistía en vender productos naturales y el local quedaba cerca al de este señor; así fue como lo conocí. Al darme cuenta de que no tenía ni para trasladarme, me senté a llorar en plena calle, con la sensación de que mi cuerpo se caía a pedazos. Un desconocido se me acercó y me dio dinero; yo ni las gracias le di, de lo aturdida que estaba. Con dinero para el pasaje, me levanté y me fui. Cuando llegué al local del señor, enseguida me identificó y me preguntó por qué lloraba. Le hice un resumen de los hechos y me dijo: «Espérame aquí, ya vengo». Al cabo de veinte minutos, llegó y me entregó el monto total de los tres de meses de la luz, y me dijo: «No me debes nada». Lo abracé, le di las gracias y me fui. Ya había perdido todo, qué más daba recibir; ya hasta la dignidad la sentía perdida.

Pagué, y la luz fue reestablecida como a las dos horas. Desde ese día al de mi próxima mudanza transcurrieron siete días. Ahora me tocaba buscar dinero para pagar los tres meses pendientes del alquiler. Mi antigua jefa era la fiadora en el contrato de arrendamiento y, a pesar de que me debía dos meses de salario, lo último que quería era que le demandaran tal pago. Dos meses de salario quedaban cortos frente a la ayuda que ella me había brindado: casi diez meses de estabilidad económica. Eso para mí era suficiente.

Todo esto me decía mi conciencia, pero luché por mi pago. Mi situación era tan crítica que debo reconocer que actué de manera insensata. Mi jefa me había ayudado demasiado como para yo ejercer cualquier acción de cobro. Yo tenía un conflicto existencial entre el agradecimiento y mis derechos; en otro momento, hubiese prevalecido el agradecimiento. Pero, con mis hijos de por medio, prevaleció la necesidad, e intenté, hasta judicialmente, el cobro de mis dos meses de salario y una indemnización por haber sido despedida. Este proceso no dio resultados y desistí. Cargar con esto en mis hombros era demasiada preocupación para mí y preferí dejarlo así. Desde entonces, perdí todo contacto con mi jefa.

En el transcurso entre pagar la luz y la mudanza, mi relación con Carlos, luego de varias diferencias, llegó a su fin. Ambos tratamos de rescatar el afecto y el cariño nacido entre los dos y entre ambas familias. De hecho, así fue, hasta que un incidente posterior nos alejó más.

Esa semana fue una de las más dolorosas y significantes de mi vida. Tenía que mudarme y pagar una deuda de tres meses de alquiler. Además, necesitaba dinero para la mudanza y ahora estaba sin Carlos. Todo era demasiado confuso e incierto; no dormía ni tenía horas de descanso mental. El estrés me causaba fatiga y me impedía pensar y resolver lo que tenía en la cabeza. Me vi en la necesidad de volver a tomar somníferos para poder dormir alguna hora y, así, tener fuerza física para enfrentar lo que ya era inminente. Sin techo, comida, trabajo, ni familia, me hallaba en una condición emocional muy difícil. Una y otra vez, me decía a mí misma: «Rodolfo es el culpable. ¡Sí! Pero tú tienes la mayor responsabilidad de esto». Eso retumbaba en mi mente.

Cuando las consecuencias repercuten en seres humanos inocentes, como lo eran mis hijos, y además perduran, es casi imposible olvidar y perdonar. Cada vez que sentía que mi perdón hacia él y hacia mí misma estaba a punto de darse, sobrevenía una circunstancia como resultado de aquello, y otra vez volvía al punto de inicio. Entonces, se presentaban la culpa, la ira, el dolor, el resentimiento.

En medio de este escenario, nunca dejé de asistir a la comunidad Pueblo de Dios. El fin de semana más cercano al corte de luz anunciaron un retiro espiritual y me invitaron. En medio de aquel trance, les dije que no podía ir porque tenía que mudarme. Esto lo hablé directamente con Rocío, a quien le llamábamos pastora. Ella es una mujer digna de ser llamada así, pues su mejor servicio es rescatar ovejas perdidas, y yo soy una de esas ovejas. La pastora, sin pensarlo, me dijo: «Vamos al retiro y deja todo en manos de Dios». Aquello me parecía irresponsable. ¿Cómo iba a ir a un retiro, sabiendo que el domingo, cuando el retiro terminara, yo no tenía adónde regresar?

La pastora y otros miembros de la comunidad, entre ellos Katy, me convencieron de ir con mis tres hijos al retiro. Sin embargo, ocurrió algo: mi hija Mae, quien tenía mayor madurez, me dijo con una seguridad absoluta: «Yo no voy, pero tú y mis hermanos sí y eso no quiero discutirlo. Por favor, mamá, solo piensa que, al menos, tendrán dónde dormir y comer por tres días. Yo resuelvo la mudanza, y dónde dormir y comer estos días». Aquello me dio en el alma y desató en mí un llanto y una culpa más grande de la que ya venía sintiendo. Fui al retiro con María Guadalupe y Gustavo. Mi angustia era tan grande que no lograba ni orar ni rezar; no podía concentrarme. Me preocupaba Mae: ¿qué solución le daría a esta responsabilidad que ella misma había puesto sobre sus hombros? ¡Dios mío, qué infierno estaba viviendo!

Muchos de los miembros allí presentes, sin conocer mi situación, me trataban de incorporar; seguramente me notarían lejana y ausente. En ese retiro tuve aquella experiencia relacionada con el proverbio bíblico que habla de la mujer ideal. Entre reflexiones, oraciones y otras dinámicas, llegó el último día. Me sentí aterrada, y me embargaron el miedo, la desesperación y el llanto. A mi alrededor, veía personas llegar en busca de sus familiares; otros tomaban un taxi para retornar a su hogar; y había quienes se embarcaban en un bus de la iglesia. Mis hijos y yo estábamos en este último grupo. Ese bus iría directo a la iglesia, donde se oficiaría una misa final y una reunión de despedida.

En el bus solo pensaba: «Ahora, ¿dónde dormiremos esta noche?, ¿qué será de nuestras vidas?, ¿qué habrá hecho Mae finalmente? Cuando llegamos a la iglesia, comencé a llorar aún más; el dolor y el pánico estaban allí. La pastora se me acercó y me dijo: «¡Cálmate, hijita, Dios no nos desampara! ¡Confía!».

Al terminar la misa, se inició la reunión de despedida. La pastora tomó la palabra para agradecer la asistencia y colaboración de todos. Luego, se la cedió a José. Él es un hermano con una fe que yo jamás había visto; un hombre que cada palabra la decía con absoluta seguridad. No dudaba nunca del mañana y confiaba en que siempre le esperaría lo mejor. Su vida estaba íntegramente entregada a la voluntad de Dios. José provenía de Colombia; era el invitado especial.

Todos los miembros de la comunidad estábamos sentados en un salón que la iglesia le prestaba a la comunidad para sus encuentros y celebraciones. Cuando José tomó la palabra, agradeció a todos y después dio un discurso divino. Mi mente voló. Algunas frases que pronunció fueron estas: «Hermanos, el amor es dar, dar hasta que duela. Si duele, es señal de que lo estás haciendo bien», «aquí está presente una hija de Dios, que ha venido de tierras lejanas», «todos somos hijos de Dios; eso indica que todos somos hermanos», «¿quién podría estar en paz sabiendo que un hermano está en dificultades?».

Apagaron las luces. Jamás imaginé que aquellas palabras las decía por mí, ¡nunca! Pensé que eran parte de la lección final del retiro: afianzar un corazón humilde en cada uno de los presentes. Él continuaba, y entre una y otra frase, su intención principal era destacar la compasión y el servicio; al menos así lo percibí.

Con las luces aún apagadas, sus siguientes palabras fueron: «Sin techo dónde reposar con sus hijos», «sin comida para alimentarlos y sin trabajo», «mujer, eres la valiente madre de tres menores, ¡tu padre jamás te abandona!», «¿dónde están los hermanos de esta mujer inmigrante?». Levanté la mirada y me sentí totalmente identificada con las palabras de José. ¡No podía estar hablándole a otra persona que no fuera yo! Cuando José preguntó dónde estaban los hermanos, todos levantaron sus manos y empezó una colecta de dinero. José prosiguió, esta vez con alabanzas y agradecimiento a Dios. Yo, sin palabras, lloraba sin parar. Estaba desesperada por saber de Mae.

Al finalizar, la pastora se me acercó y me dijo: «Esto es para ti» y me entregó todo el dinero recolectado. «Es solo para que comas estos días. Ya estamos resolviendo dónde te vas a hospedar con tus hijos. Un padre jamás deja a su hijo sin techo». Yo seguía sin reaccionar. En un momento dejé de llorar y me entregué a pensar de nuevo en cuál sería mi suerte y mi porvenir. ¡Qué ingrata y malagradecida fui! ¡Mujer de poca fe! Ante la presencia de Dios y semejante manifestación, todavía llamaba suerte a mi porvenir y dudaba de los días venideros.

Recibí una llamada de mi hija Mae, quien me dijo: «Mami, todo está hecho. Estoy al amparo de una familia que me dio techo y comida. Entregué el departamento y todo está conforme. Nuestras cosas las he guardado en casas de conocidos, hasta que solucionemos la próxima mudanza».

Cada día rogaba que fuera el último difícil de mi existencia y que, con el sol, viniera la esperanza. Así, pasaron días, meses y años sin cambios comprometedores. Mientras mi cuerpo, alma y mente se consumían, no había nada que cambiara. Sin embargo, la fe seguía allí; pobre y deprimida, pero allí. Muchas personas, muchos ángeles cruzaron mi camino; aun así, nunca hubo nada que calmara el infierno que me arrastraba por los senderos difíciles de la vida que estaba llevando.

En momentos como esos, extrañaba más a mis hermanas; mi llanto era imparable pensando en ellas. Quería que, en un abrir y cerrar de ojos, aparecieran para que me dieran una mano, tal vez un abrazo. Quería sentir el calor de su presencia, sin reproches de ningún tipo. Solo necesitaba sentirme amada y perdonada.

La pastora me informó que otra hermana de la iglesia tenía un hotel pequeño, y que la estaban tratando de ubicar para hacer de su conocimiento mi situación y pedirle el favor de hospedarme por unos días. Como era de esperarse, esa hermana de inmediato accedió.

En verdad, yo he vivido de la caridad de las personas, y se siente mal. Al menos yo, en cada ayuda que humildemente recibí y agradecí, sentía simultáneamente que mi dignidad y orgullo eran abofeteados.

La pastora tiene dos hijas con un espíritu, corazón y don de servicio exactos al de su madre: Giuli y Nini. ¡Dios las bendiga inmensamente! Una de ellas nos llevó en su auto a la casa de Carlos. Mae había sido precavida y dejó allí un maletín con ropa; lo busqué y bajé rápidamente. A Princesa, nuestra perrita, la dejé provisionalmente al cuidado de Carlos, que ama a los animales. La hija de la pastora también nos llevó al hotel, donde solo permitían a tres personas por habitación. Cuando me enteré de esto, el alma se me partió. De inmediato pensé en Mae: ¿qué sería de ella?

Fue muy difícil decirle que teníamos que separarnos, ya que solo podían ingresar tres personas en la habitación. Ella, con gran madurez, una vez más, me llenó de calma: «Mami, tranquila, lo importante es que mis hermanos pequeños estén a tu lado. Yo estoy grande y voy a ver cómo hago». Terminé rendida llorando. Me sentía del tamaño de una hormiga: mínima, acabada, destruida y desmoralizada. ¡Separarme de mi hija y sin saber por cuánto tiempo! Nuevamente, había sido aplastada por las circunstancias de la vida. Al cabo de unos días, Mae me llamó y me dijo que tenía hambre. Decidí meterla escondida en el hotel y así nos quedamos el resto de los días. La colecta recaudada por Pueblo de Dios nos alimentó durante todo este periodo.

A los pocos días, la pastora me llamó y me dijo que habían logrado juntar, entre varios hermanos, una cantidad con la que me ayudarían a conseguir un departamento. Sin embargo, lo recaudado no era suficiente: yo tendría que buscar el resto. Justo en ese momento, Dios se manifestó una vez más y otro ángel llegó a mi vida.

Aproximadamente en 1983-1984, años de plena bonanza en Venezuela, mis padres alquilaban varios locales comerciales: comida rápida, heladería, restaurantes, bar, zapatería y artículos de cuero; y también rentaban un inmueble a las petroleras para el personal ejecutivo que venía del interior o del exterior.

Una vez, un matrimonio joven, con una bebé, rentó un departamento propiedad de mis padres. Él era venezolano y ella, mexicana. Ella se llamaba Xochitl Villarreal y su pequeña, Nahomi. Él trabajaba todo el día y su esposa no conocía a nadie. Al momento de hacer la transacción de la renta, Xochitl conoció a mis padres, y como la casa de ellos quedaba muy cerca del departamento, Xochitl y Nahomi nos visitaban por las tardes. Así, se creó un lazo afectivo inmenso. Ellas dos pasaron a ser parte de nuestra familia.

Cuando en su matrimonio surgieron algunas dificultades, nosotros la acogimos como nuestra hija y hermana. Ella y Nahomi vivieron en casa un periodo; no recuerdo por cuánto tiempo fue, pero sí que fue el necesario como para no querernos separar nunca. Despedirnos de ella fue muy triste; la casa se sintió sola y nosotros la extrañamos muchísimo. Los chistes de Xochitl eran fenomenales. Ellas partieron a México, junto a su familia, que, por lo que conocimos, era una familia hermosa, unida y de valores. Hubo mucha empatía y carisma entre ambas familias.

Dios, en su amor infinito hacia mis hijos y hacia mí, me tendió su mano una vez más, a través de este ángel llamado Xochitl. Nahomi y yo éramos contactos recientes en Facebook, y un par de meses atrás le había preguntado por su mami, mandándole muchísimos abrazos y saludos. Al salir del hotel para mudarme, Nahomi me mandó el número de teléfono de Xochitl. Le escribí y saludé muy emocionada; ella enseguida me llamó para que la conversación fuera más fluida. Habían pasado años sin saber la una de la otra.

La llamada duró casi una hora. Me preguntó por toda la familia y cuando le conté que yo estaba viviendo en Lima, ella indagó un poco más; yo me abrí y me quebré. Al saber todo, ella se solidarizó conmigo y se hizo sentir como hermana. En menos de veinticuatro horas, ya tenía el dinero completo para mudarme y, además, para pagar otro mes por adelantado. A esto lo llamé «la siembra y la cosecha». Mis padres, con actos de bondad y compasión, hicieron una siembra cuando Xochitl, siendo una inmigrante en Venezuela, pasaba por un momento difícil. Ahora, su hija, siendo una inmigrante en el Perú, en medio de una circunstancia difícil, recibía la cosecha.

Como bien señala Corintios 9-10: «No, eso ha sido escrito para nosotros. A nosotros se refiere la escritura cuando dice que el labrador espera algo de su trabajo y que el que trilla tendrá parte en la cosecha».

En mayo me dediqué a buscar un departamento. Conseguimos uno que contaba con solo una habitación y un baño. Ese mismo mes, firmé contrato de arrendamiento, se hizo el pago correspondiente y nos instalamos. Estaba ubicado en el distrito de Surquillo, cerca de Carlos y su familia, Katy y Pueblo de Dios.

El verano ya había terminado y el año escolar iniciaba. Esos últimos tres meses fueron tan fuertes, que no me ocupé de buscar colegio. Ahora solo estudiarían Gustavo y María Guadalupe. Por el momento, no habría universidad para Mae, que trabajaría para unir fuerzas.

Mae consiguió trabajo en un gimnasio, pero yo continuaba desempleada. Una vez más, postulé a cientos de vacantes. Tuve varias entrevistas, pero, desafortunadamente, ninguna se concretó. Mi historia en búsqueda de empleo siempre resultaba igual: un fracaso.

El salario de Mae ayudaba mucho y yo retomé mis trabajos de repostería. Quedaban menos días para pagarle al propietario del antiguo departamento los dos meses pendientes. Solo pude pagarle un mes, pues en paralelo teníamos que cubrir los gastos del nuevo. Ese mes pendiente nunca lo pagué y el señor jamás me volvió a cobrar. Cosas como esta se iban acumulando en mi conciencia y me desmoralizaban.

A Dios gracias, una vez más, el colegio Hosanna me entregó los papeles de mis hijos sin exigirme el pago; por el contrario, me lo exoneraron. Mae fue una alumna muy destacada en este colegio e hizo vínculos maravillosos con las monjas. Mi agradecimiento será eterno con esta institución y con la hermana Zurita.

Los días transcurrieron y Gustavo y María Guadalupe no estaban matriculados en el colegio. Nunca consideré que estudiaran en un colegio del Estado, ni remotamente. Pero la pastora conversó conmigo y me planteó que mis hijos estudien en un colegio nacional. Yo me negué de forma rotunda, pues las referencias que tuve eran negativas. Además, me parecía que, después de arrebatarles todo, negarles una buena educación era lo más cruel que podía hacer.

Yo también tenía mis incoherencias. Detrás de todo esto, estaban gritando mi orgullo y mi soberbia. Yo siempre me había considerado autosuficiente y empoderada. Era difícil que diera mi brazo a torcer y menos respecto a la educación de mis hijos, que venían de estudiar en colegios particulares, de monjas y con excelencia académica. La pastora sabía muy bien rescatar a sus ovejas perdidas, así que no tardó mucho en convencerme. Ella misma, con otra hermana de Pueblo de Dios que trabajaba en un colegio del Estado, me consiguieron las dos vacantes. Era tarde, pero comenzaron a estudiar.

Recuerdo que Cooper, otro hermano de Pueblo de Dios, me dijo: «Tienes que matricularlos allí. No te resistas a las pruebas de la vida, que las manda Dios». Yo era rebelde y ellos me conocían; siempre que me oponía a algo, ellos lo manejaban de esa manera: «No te resistas. Pasa la prueba y avanza. ¡Ya vendrán tiempos mejores!» Así sucedió con el colegio, con el arroz con huevo, con las lentejas, con el pan con jamonada o mantequilla, entre otras pruebas.

María Guadalupe estudiaba en las mañanas y Gustavo en las tardes. ¡Alabado sea Dios! Empecé a trabajar de nuevo gracias a una recomendación. El salario era el mínimo, pero como siempre era bendito y ayudaba bastante. Trabajaba todo el día: salía de casa a las siete de la mañana y regresaba a las siete de la noche. Dejaba todo listo para mis hijos: desayuno, almuerzo y lonchera. Antes de irme a trabajar, acompañaba a María Guadalupe a su colegio; su hermano se encargaba de buscarla, llevarla a casa y, luego él se regresaba a sus clases.

Un día, llevando a María Guadalupe al colegio, me encontré en el camino con la pastora. Me dijo que estaba por llamarme porque la hermana que trabaja en el colegio le manifestó que había un problema con Gustavo. En ese mismo momento, avisé en el trabajo que llegaría con retraso y fui al colegio, donde me esperaba el director, quien me entregó un oficio y lo leí. Sin entrar en detalle, el oficio estaba emitido por el colegio, informando al Estado sobre un menor cuyo derecho a estudiar había sido vulnerado por su madre. Este informe sería enviado al órgano competente para tomar las acciones correspondientes en beneficio del menor. En pocas palabras, mi hijo sería entregado al Estado.

Yo no entendía nada; no le encontraba sentido a aquello. Por más que pensaba y pensaba, nada me conectaba a semejante cosa. En ese instante, comencé a llorar de pánico. Cuando alguien me trajo un vaso de agua, por fin pude pronunciar palabra: «¡No entiendo nada! ¿Por qué me harán esto?». El director, al verme tan mal, trató de calmarme, pero no lo consiguió. Entonces me explicó que Gustavo tenía casi un mes sin asistir a clases; solo iba esporádicamente, uno o dos días por semana». Entendí mucho menos. Yo salía a trabajar y ellos se quedaban en la casa. Por lo general, yo misma llevaba a María Guadalupe y Gustavo la retiraba, llevaba a casa y regresaba a su colegio. Esa era la rutina.

El director continuó su exposición: «Visto esto, me he visto obligado a buscarlo en el salón un día que asistió. Le pregunté el porqué de sus inasistencias y me explicó que él se ocupa de todo en su casa: limpiar, cocinar, atender a su hermanita, traerla, retirarla, apoyarla en las tareas y, lo más importante, cuidarla toda la tarde. Esto, porque usted sale todo el día a trabajar junto con su hermana mayor, y a él le toca apoyar en todo con su hermanita».

Quedé estupefacta. No sabía si responderle al director o teletransportarme a la casa, agarrar a Gustavo, sacudirlo y ¡exigirle una explicación!, aunque ninguna explicación justificaría semejante hecho. El director continuó: «Yo, en mi cargo de director de un colegio estatal, estoy obligado a velar y proveer a los niños de educación».

Yo me encontraba ya calmada, pero enojada y fastidiada. Le respondí: «Señor director, ¿cómo podemos revertir todo esto? Mi hijo ha mentido y, hasta que no hable con él, no podré decirle cuáles fueron los motivos que lo llevaron a hacer esto. Pero todo es falso. Si hay algo que yo cuidé con gran dedicación, son los estudios de mis hijos. Soy una persona estudiada y preparada, y jamás querría para mis hijos un futuro sin estudios o, al menos, sin un oficio. La única obligación que tiene Gustavo en su vida, hasta este momento, es la de estudiar. No tengo palabras que justifiquen esta actitud de mi hijo. ¿Me permite llamarlo, por favor? Le diré que ahora mismo venga al colegio y conversamos los tres». El director estuvo de acuerdo.

Llamé a mi hijo y, al escuchar mi voz y decirle que fuera inmediatamente al colegio, quedó mudo por un rato, hasta que me respondió con palabras entrecortadas. Llegó al colegio e ingresó a la Dirección. Mirando de frente al director, le dijo que había mentido y le ofreció disculpas. Luego, me miró, se disculpó también conmigo y viendo la cólera y la decepción en mis ojos, le salieron lágrimas. Al decirle cuáles eran las consecuencias de sus actos, se desesperó. El director le exigió una explicación. Con soltura y aplomo, él manifestó que en su salón algunos alumnos ingresaban con sustancias dañinas y que lo habían invitado a consumir. Al negarse a hacerlo, recibió amenazas de ser golpeado si se atrevía a hablar ante las autoridades del colegio. Manifestó que sintió mucho miedo y dejó de asistir. El director le pidió los nombres de estos alumnos y mi hijo se los facilitó. Luego de esto, le pidió que por favor se retirara.

Estando a solas, el director me dijo con firmeza: «Su hijo no miente. Es cierto lo que dijo. Estamos presentando un problema en el colegio y ya el Estado está al tanto de esto. Voy a cambiar a

Gustavo de sección, para que retorne a las aulas». Por supuesto me negué a que mi hijo volviera al colegio hasta estar segura de que esos jóvenes ya no formaban parte de la institución educativa. Me retiré del colegio y nos fuimos a casa. Hablé con Gustavo. Hubo una comunicación efectiva y, como de costumbre, se dio un diálogo preciso y adecuado sobre el tema. El colegio tomó las acciones necesarias y Gustavo retornó a clases.

Todo continuaba igual: los pequeños en clases, y Mae y yo trabajando. Pero los ingresos seguían sin alcanzar. En la renta se iba mi sueldo completo y todavía faltaba. Lo que Mae ganaba cubría mantenimiento, luz, agua, pasajes de todos y otros gastos normales de un hogar. Vivíamos muy ajustados. Si Mae no llegaba a la meta de ventas, entonces no cobraba comisión y algún servicio de la casa se quedaba sin pagar. Nos era imposible pagar algún paseo, gusto, distracción, compra de ropa o calzado. Nada de nada.

En ese trabajo no duré mucho y tuve que renunciar. Gustavo no podía llevar la casa y atender a su hermana. Después de su problema en el colegio, decidí atender yo, sobre todo a María Guadalupe, quien estaba presentando problemas de ansiedad y lloraba demasiado; me llamaba en forma constante al trabajo, diciéndome que quería estar conmigo y que no tarde en llegar. Sentí la necesidad de estar con mi hija. Ante mi escenario, tal vez no era la mejor decisión, pero lo hice.

Yo cargaba con una culpa enorme, y aún cargo con ella. Me siento detestable por haber tomado una decisión tan equivocada, comprometiendo el futuro de mis hijos. En realidad, comprometí todo. Desde que llegamos aquí, mis hijos jamás han tenido un control médico, un chequeo general, exámenes de rutina, ni yo tampoco. Hemos estado a salvo por la gracia de Dios.

Permanecí en casa encargándome de los quehaceres del hogar y apoyando a María Guadalupe en sus tareas. Las pocas veces que se dio la oportunidad, aproveché para limpiar alguna casa de familia. Continué haciendo postres; algo que fue mi auxilio reiteradamente. También preparaba comida, y Pueblo de Dios me ayudaba a venderla. Pero lo que yo producía alcanzaba solo para la comida. A las justas lográbamos pagar la renta; a veces con algún dinero que me giraba mi familia. Otras veces, recibí de un primo de mis hijos, Jesús Oregel, desde México, alguna ayuda económica.

Mi relación con Carlos ya había finalizado, aunque mantuvimos buenas relaciones por unos meses más; nos visitábamos mutuamente y su familia también.

La situación se puso muy dura. Estábamos sin comida e, incluso, muchas veces ni siquiera teníamos los productos básicos de higiene personal. No obstante, Pueblo de Dios me mandaba cajas de comida. Yo estaba partida en pedazos y no veía luz. Mae no podía sola con tanta responsabilidad.

En esos tiempos Mae tenía un enamorado, un chico espectacular, Cristián Rodríguez, a quien había conocido en el gimnasio donde trabajaba. Ese chico comenzó a ver de cerca nuestra situación familiar. Un día que nos visitó, le hablamos de Pueblo de Dios y lo invitamos. Él dudó varias veces, pero luego aceptó y asistió. Desde entonces, él se sumó a la comunidad y, conjuntamente con los otros hermanos, nos brindó amor, apoyo y jamás nos desamparó. ¡Dios lo bendiga!

Por determinadas circunstancias, la relación entre Cristián Rodríguez y Mae terminó, pero él seguía asistiendo con frecuencia a la comunidad; de hecho, se consagró. Es un buen chico y me encantaba para Mae. Sin embargo, Mae decidió terminar la relación; por más que insistí, no pude hacer nada. Yo entendí que nuestra misión, en especial la de Mae, era llevarlo a Pueblo de Dios. Esta misión se cumplió.

En tanto, yo continuaba aplicando en bolsas de trabajo, rogando conseguir algún empleo con un horario que me permitiera pasar más tiempo con María Guadalupe. Fui convocada varias veces hasta el proceso de selección final; pero cuando parecía listo, por cualquier motivo, no se cerraba el contrato. Siempre prevaleció el discurso de que el cargo fue entregado a una persona de menor experiencia, ya que mi línea de carrera requería un cargo o una mejor remuneración. Tomé, entonces, la decisión de omitir parte de mi experiencia laboral y estudios. Ni aun así daba resultados.

Durante esos primeros cuatro años de estadía en Lima, le pedí reiteradamente a Dios que acelerara el camino, y que si ese era el trayecto hacia mi muerte, entonces que le diera final.

En medio de esas sensaciones deprimentes y a pesar de no experimentar cambios, jamás abandoné la oración ni el rosario. Aunque, a decir verdad, mi oración era como leer algo sin prestar atención; igualmente el rezo del rosario. Una fe muy pobre, casi inexistente. Mientras oraba y rezaba, mi mente volaba.

Ciertamente, hubo días, en que, con rabia y dolor, le reclamaba a Dios diciéndole: «¿No te parece suficiente? ¿No estás conforme aún con el hambre de mis hijos, la miseria en este hogar, las limitaciones de salud, la oscuridad y la falta de agua? ¿Qué más quieres de mí? ¿Cuánto tiempo más tiene que pasar para mi redención?».

Una madrugada, en un momento de introspección, fue terrible recordar momentos pasados de mi vida, sobre todo los primeros tres años en Lima. Me sorprendió el sol cuando yo aún memorizaba cada momento y detalle que, hasta entonces, habíamos vivido mis hijos y yo. Me sentía al borde de un desenlace fatal y fui a la iglesia. Como siempre, yo estaba privada y rendida del dolor y le pedí a un sacerdote amigo, el padre Marciano, que por favor me hiciera una confesión y que la misma partiera desde mis diecisiete años de vida.

La confesión, al ser un sacramento de curación instituido por Jesucristo, debía sanarme. Por ello, pensé que hacía falta una confesión que abarcara toda mi vida. Yo había hecho un examen de conciencia buscando desesperadamente una reconciliación con Dios. Mi espíritu estaba preparado para una penitencia; la necesitaba.

Citaba constantemente los mandamientos y le daba una revisión a cada uno. Aun así, yo no comprendía mi proceso. Sin duda, era una pecadora. Aunque iba a la iglesia, me confesaba y tomaba la comunión, mis faltas no dejaban de ser las mismas que las que cualquier mortal con valores podría cometer. Y si citaba los sacramentos, pues iba bien. Aunque, como estuve casada por civil y no por la Iglesia, me preguntaba si allí estaba la traba: ¿Ello me estaría causando este duro vivir? También me daba un paseo por el libre albedrío. Ni mis preguntas ni mis respuestas me daban la calma ni la paz de espíritu que tanto necesitaba.

El sacerdote, previa preparación, dio inicio al sacramento. Mi confesión tardó, aproximadamente, dos horas y media. Mi mente se fue a los inicios de mi época universitaria y paseó por los siguientes años de mi vida. Le detallé cada falta que recordaba, y traje a colación, con insistencia, aquellos actos en que consideraba que le había causado más sufrimiento a Dios. También cuando de joven pude haber sido una hija desobediente. Al concluir, el padre Marciano me hizo la oración de liberación y la imposición de manos. Su acto final fue regalarme y colocarme un rosario en el cuello. Yo me sentía desmayar. Pensé que ya habíamos terminado, pero no fue así. Luego, me llevó a la iglesia, que estaba cerrada y, por ende, totalmente vacía. Allí, me dijo: «Voy a oficiar una misa por tu sanación y liberación, hija. Toma asiento; vamos a hacerla juntos». Solo estábamos él y yo. Durante toda la misa lloré sin parar. Cuando terminó, me dio unas últimas indicaciones de fe y me fui.

Sentí una paz interior divina. Pero esta sensación me duró solo tres o cuatro días, luego de los cuales caí otra vez derrotada. Era algo indescriptible; más fuerte que mi alma, mi espíritu y mi voluntad. ¡Eran ganas solo de morir!

Por momentos, sin encontrar respuestas ni justificación para lo que mis hijos y yo estábamos viviendo, pensaba que estaba siendo víctima de los bajos altares y de personas inescrupulosas. Me decía: «Me echaron una brujería, una maldad, algo oscuro». Esto nunca pasó de ser un pensamiento en medio de mi tribulación; enseguida lo sacaba de mi mente. Jamás busqué «ayuda» de este tipo. A esto, además de temerle, lo respeto mucho.

Al cabo de un mes y medio, Mae habló con su jefe y le solicitó la oportunidad de brindarme una entrevista de trabajo. Su jefe se la concedió. En agosto, asistí a la entrevista, que duró cerca de una hora. Fui contratada y, al día siguiente, comencé a trabajar como administradora del gimnasio. Me encantaba mi trabajo: era arduo y de mucha responsabilidad. Al mes de trabajar allí, mi jefe me abordó y me invitó a cenar por «asuntos de trabajo». Acepté. Más allá de un asunto de trabajo, toda la velada se basó en nuestras vidas personales. También acepté una segunda invitación, en la que hubo un intento de algo, pero no pasó de eso.

Mi jefe tenía un carácter bastante difícil y soberbio, muy parecido al mío, con la diferencia de que el mío había sucumbido en Lima. Yo tampoco tenía espacio para nada ni nadie.

Internamente, manejaba un rechazo hacia los hombres y ninguna palabra de amor me convencía. Nuestras relaciones laborales continuaron con normalidad.

Un mes más tarde, sufrí un accidente en el trabajo que me afectó la pierna. Con tal de no perder el trabajo, fui a trabajar enyesada. En noviembre, cuando cumplí tres meses en el trabajo y estando aún enyesada, fui despedida sin ningún motivo. Mi jefe lo hizo con mucha sutileza, prometiéndome un nuevo puesto y que me llamaría. Yo tenía un nudo en la garganta y no quería llorar delante de él; pero en el momento en el que fui despedida se me derrumbó todo y, nuevamente, pasó por mi mente la película de mis últimos cuatro años. Me dio taquicardia y las manos me temblaban, junto con sudoración, nervios y pánico. Él se ofreció a llevarme a casa. Acepté. Ni él ni yo pronunciamos ni una sola palabra. Llegamos a mi casa, me bajé y listo.

Cuando aún estaba con el yeso, surgió una diferencia con un familiar de Carlos y tuve una reacción explosiva, incontrolable, con ira. No puedo justificarme de ninguna manera. Pienso que fue mi hora cero, porque exploté con la persona menos indicada y de un modo muy injusto. Esto acabó con la comunicación que aún guardaba con Carlos y su familia. Más adelante, la retomé con Carlos y con uno de sus hermanos; con este último, muy eventualmente.

Mi hija continúo trabajando por unos meses más y yo seguí con los postres. Los ingresos eran mínimos y se aproximaba diciembre. Desde ya, lo vislumbraba como un mes lleno de lágrimas y carencias. Saber que esto, irremediablemente, iba a ser así y que en medio estarían mis hijos, me tiraba al suelo con una culpa inquisidora.

Fue un mes triste. Recuerdo que para Navidad nos pusimos nuestra ropa de dormir y nos acostamos. No hubo nada que celebrar, tampoco comida, salvo un panetón que le regalaron a Mae; aquí pasé la prueba del panetón, que nunca me había gustado.

María Guadalupe lloró un rato en mis brazos. En su llanto, me preguntaba mil veces lo mismo: «¿Cuándo vienen mis tías y mis abuelos? ¿Qué están haciendo ahorita mis primos?». Perdí la cuenta de las veces que esta niña me había preguntado lo mismo todos estos años. Ella se quedó dormida en mis brazos. Mae y Gustavo se habían dormido antes que nosotras.

Capítulo 8

Año 2016

De cualquier manera, tenía que resolver el día a día. No tenía ganas de nada. Era verano y habían comenzado las vacaciones escolares. La situación se puso más difícil: cada vez que se aproximaba el día de pago de renta, yo entraba en pánico. Como tenía prendas de vestir y accesorios de firmas, al verme nuevamente sin trabajo decidí venderlas. Caminaba por más de tres horas, muchas veces sin rumbo y llorando. En cada mercado que encontraba vendía una prenda a precio ínfimo. Cuando salía a hacer esto, el dolor me consumía, y no porque me estaba desprendiendo de cosas materiales, para nada; este dolor recaía en mí misma. Era prisionera de mi baja autoestima, hundida en la autodestrucción.

Por cada prenda me daban entre tres y seis dólares; con ello iba juntando para el pago de la renta. A los dos meses, ya no tenía ni ropa, ni zapatos, ni carteras; nada. Había vendido todo. Me quedé con un jean, unos cinco polos y un solo par de zapatos, que de tanto caminar se abrieron por debajo; así, los utilicé por casi un año más. En casa andaba descalza. Entre las cosas de valor me quedaban dos relojes y una cadena de plata con su medalla. Tomé los relojes y los entregué en una bodega, junto con mi licencia de conducir, a cambio de comida para mis hijos. En otra bodega le pedí a la dueña, con la dignidad muy atropellada, dinero prestado a cambio de la cadena y la medalla; ella aceptó de inmediato y me dio dieciocho dólares.

Al ser verano, planifiqué comprar cervezas e insumos para preparar sándwiches de pollo, e irme a la playa a vender. Debía tener mucho cuidado, ya que no estaba permitido y el serenazgo fiscalizaba esta labor. Igual me atreví y lo hice. Junto con María Guadalupe fuimos a la playa, las dos en ropa de baño. Nos sentamos en la arena, como turistas, a tomar sol; ella se metió al mar. La cava refrigerante reposaba a mi costado y yo ni me inmutaba para vender nada; jamás había hecho eso. Vender mi ropa y mis artículos personales había sido algo que no requería exponerme; la negociación era muy discreta y siempre entre dos, pero esto no era así.

Estaba como paralizada y me preguntaba: «¿Y ahora qué hago con esto?». Por momentos, se me salía una lágrima y, en otros, me reía sola, prendía un cigarrillo y observaba a María Guadalupe en el mar. Me estaba consumiendo en mi propio dolor, la vergüenza y el miedo. No sé por cuánto tiempo estuve llorando allí sentada en la arena, viendo a mi hija, hasta que me decidí a hacerlo. Me armé de coraje, me senté y me dije: «Es el momento, Anaí. ¡Comienza a vender!». A los segundos, unos jóvenes que jugaban vóley se me acercaron, me saludaron y me preguntaron si vendía algo. Yo, tartamuda, les respondí que sí. Enseguida me pidieron cerveza y panes. Ellos mismos me hicieron varias compras; luego, otras personas se me acercaron y vendí todo.

¡María Guadalupe y yo estábamos felices! Así, volví a comprar insumos y cervezas, y al día siguiente volví a la playa. Esta vez no tuve éxito: llegó un sereno y me despojó de todo, hasta la cava donde refrigeraba las cervezas y los panes. Mientras esto ocurría, los bañistas trataron de defenderme y de proteger la mercadería; les gritaban: «¡Déjala trabajar!», «¡No está haciendo nada malo!», «¡Está con su niña!». En fin, no hubo forma de salvar nada, se llevaron todo.

Regresando por el boulevard de la Costa Verde, encontramos en la acera una cartera de caballero, muy maltratada, como si hubiera sido pisada por muchos transeúntes. Me agaché y la tomé; al abrirla, tenía veinte dólares y un brevete de conducir motos. No sabía si ubicar al dueño y devolver la cartera. No lo hice y me quedé con el dinero. Mi primera acción fue parar un taxi, pues estaba muy lejos de mi casa. De haber estado sola, hubiera caminado, pero con dinero en la mano, preferí un taxi; así, María Guadalupe no se cansaba tanto. En el recorrido, pensé una y otra vez en el dueño de esta cartera. A pesar de ello, la culpa y la conciencia no fueron suficientes; mi situación era tan deplorable que me quedé con lo encontrado. Al menos, tenía comida para unos dos o tres días.

En tanto, seguí postulando a las bolsas de trabajo. Al día eran, en promedio, unas treinta aplicaciones, pero siempre con el mismo resultado negativo.

En marzo comenzaron las clases escolares. Mae sabía que uno de los pesos más grandes que yo arrastraba eran los estudios de Gustavo y María Guadalupe. Por lo ocurrido en el colegio estatal, ella y yo queríamos procurar un colegio particular. Mae, en su papel de hermana mayor, entregó su sueldo íntegro y matriculó a sus hermanos en un colegio particular cercano. Cuando iniciaron las clases, la directora permitió que asistieran solo con cuadernos, obviando el resto de la lista de útiles escolares. Avanzaron dos meses de clases, y con mucho esfuerzo juntábamos para las mensualidades del colegio. Además, Mae y yo tratábamos de reservar la comida siempre para los menores, que estaban estudiando.

La situación se parecía cada vez más a la de años anteriores. No había subida nunca; el camino siempre era en bajada; muy eventualmente había rectas, pero nunca hacia arriba. Estas rectas fueron procuradas por todas aquellas personas que en esta historia denomino ángeles. Por mi esfuerzo jamás hubo una salida airosa. Nunca logré un empleo formal a largo plazo, con un contrato legal y beneficios laborales. ¡Nunca! Siempre recibí ayuda. Tampoco hubo estabilidad en algún emprendimiento precariamente iniciado, pues todo lo hacía con un dinero ínfimo y nunca podía ahorrar o cuidar el capital de la inversión. Era una situación de nunca acabar.

Una vez más, nos vimos en el problema del corte de luz y de agua también. Ya no había ni para comer; lo poco que ingresaba era para el pago mensual de la renta o del colegio. Por si fuera poco, a Mae la despidieron del trabajo y, al tercer mes, no pudimos pagar más el colegio. Por todas las vías, traté de pedirle a la dueña y directora del colegio que permitiera a mis dos hijos seguir sus estudios; también le ofrecí mis servicios como recepcionista, secretaria o en limpieza. Ella se negó rotundamente y no les permitió ingresar más. A mí me sacó de una manera muy humillante; había tanta gente, que salí mirando al suelo; moría de la vergüenza.

Me sumí en la desesperación. Sentía que la vida se me escapaba de las manos y que no había una luz de esperanza. Ya no había comida en casa y mis hijos tenían hambre; el vigilante del edificio me auxilió y me dio comida para María Guadalupe. Los niños irremediablemente perdieron el año escolar y ello pasó a ser lo más desmoralizante; ver a mis hijos en casa, sin estudiar, era devastador. Caí en un estado de no querer salir de la cama. Todo el día lloraba.

No sabía cómo decirle a mi familia que mis hijos no estudiarían, pero me armé de valor y les expliqué a mis padres sobre los estudios de los niños. Fue una noticia muy triste para ellos; trataron de darme fuerzas, liberarme de culpa y darme un poco de paz. Solo supieron que los niños estaban sin estudiar; jamás les comenté el extremo de nuestra situación.

Esta fue una de las circunstancias más caóticas. Si tenía que rescatar algo bueno, era la presencia de Dios y los ángeles que me enviaba justo en el momento en que estaba por ahogarme. Era como si me sacaran de los cabellos para que tomara aire, pero otra vez comenzaba a caminar por terreno minado, y terminaba fulminada. Ya había transcurrido demasiado tiempo y el escenario de mi vida no había cambiado. Me sentía nula, invisible y sin posibilidades de nada.

Mi oración era constante y fiel. Los últimos años fueron de entrega absoluta a Dios. Iba a misa diariamente a las siete de la mañana; guardaba ayuno eventualmente; me confesaba y comulgaba; y en Semana Santa respetaba la Cuaresma a cabalidad. Mi vida era Dios, la oración, el rosario, Pueblo de Dios, la misa, mis hijos y mi casa.

Aun así, muy molesta, tuve una discusión con Dios. Fui a la iglesia y, llorando de rodillas, le dije: «¿Cuánto tiempo falta para mi redención? Me estoy muriendo lentamente. ¡Ten misericordia de mis hijos! ¿Quieres mi vida? ¡Te la entrego! ¡Pero ya acaba con esto de una vez! ¿No me oyes? ¿No me ves?». Mi descargo fue de media hora. Le pregunté por mis hermanas y sobrinos, y le recordé mis actos de ayuda, solidaridad, así como los gestos de cariño y amor que había realizado en Venezuela. «¿Con esto me pagas, Dios?». Me levanté y me fui.

Estaba enojada y fastidiada con todo el mundo. No quería que nadie me hablara, y rechacé todo. Sentí cólera desmedida: rompí cosas en la casa y grité hasta, finalmente, quedar rendida en llanto.

El mundo y la vida se me hacían detestables. Ya estaba harta de la lástima que producía mi vida a los demás; no quería recibir dádivas de nadie, ni de la Iglesia. También me fui definitivamente de Pueblo de Dios y pedí que esta historia llegara a su fin, sea cual fuere.

Luego de este desahogo, me conecté a Facebook y le escribí llorando a Jesús, el primo de mis hijos en México, y también a una gran amiga, Katrina, una mujer valiente y guerrera, además de muy inteligente e instruida. Habíamos hecho una hermosa amistad en Venezuela, cuando nuestras dos hijas mayores, Mae y Paula, entrenaban gimnasia. Ella vive en España. Lloré a mares con los dos. Jesús me mandó cincuenta dólares y Katrina, cien. Con ese dinero compré comida diaria, pues no podía refrigerar nada. Estuvimos sin luz y agua tres meses, hasta el día de la entrega del departamento.

Parte de mi familia, incluso quienes me ayudaban ocasionalmente, me culpaban hasta más no poder, y me decían cosas como: «No estás haciendo nada para surgir», «llorando no vas a salir de abajo», «ahora hasta los niños no pueden estudiar», «no has hecho nada bien», «cada quién tiene cosas que atender y sus obligaciones», «busca cómo resolver», «no creo que no puedas emplearte», «tienes que aceptar el trabajo que consigas». Y así, infinidad de observaciones que me destruían moralmente y acababan con la poca fuerza que tenía para luchar. Yo me cerraba y dejaba de darles detalles de mi vida. Otros me decían constantemente, buscando darme consuelo: «No te derrumbes, esto pasará», «hay quienes están peor».

Tengo mucho sentido de la empatía, me gusta el servicio y disfruto del trabajo social. Mi alma es tocada por la miseria humana y las injusticias sociales en cualquier contexto. El mendigo, el indigente, el pobre, el preso... Cada persona nace con una condición y, en el transcurso de la vida, elige si se mantiene en esa línea o busca un cambio. Algunos están sentenciados por condiciones ajenas a su voluntad; otros por voluntad propia; y muchos permanecen allí por conformidad. Hay quienes, teniendo oportunidades, deciden no estudiar o no tener ningún oficio. Y hay quienes, aun habiendo estudiado, optan por un camino dañino para sí mismo y para la sociedad. También hay quienes, cómodamente, les gusta vivir de los otros.

Mi caso no es ninguno de los anteriores, ¡carajo! Soy una mujer con estudios, oficiosa, trabajadora, emprendedora y responsable.

En Lima, todo esto se fue al tacho. Me cambió o me cambiaron la vida forzadamente. Hundida en la depresión, no podía dar ni un paso. Me llenaba de ánimo y hacía planes, pero al poco tiempo, todo se desmoronaba. La depresión es un estado aniquilador; pocos la entienden, y muchos juzgan y sentencian a quienes la padecemos. Ese estado, en la mayoría de ocasiones, no me permitía dar ni un paso.

¿Cómo podría estar tranquila ante tanta miseria, limitaciones y carencias? ¡No hubo ni hay consuelo! Por supuesto que hay algunas herramientas poderosas que ayudan a mitigar el dolor: la oración y la familia. La oración la tenía, y me ayudaba a sobrellevar este modo de vida. La familia estaba; sin embargo, siempre que la ayuda llegaba, era cuestionada y acompañada de un sermón, ignorando totalmente mi sentir y mi lucha interna. Y aunque muchas veces ha sido mi gran apoyo económico, parte de ella me señalaba y juzgaba por la decisión equivocada. No hay peor dolor que estar pasando por un momento emocional y económico terrible junto a tres hijos, y que encima venga alguien a señalarte, juzgarte y condenarte. Lejos de ayudarte, te desmoralizan más.

¿Cuánto tiempo tenía que pasar o qué tenía que suceder para que se dieran cuenta de que, más allá de una ayuda económica, estaba pidiendo a gritos la presencia de ellas? Necesitaba amor, comprensión, consuelo, un abrazo fuerte y apretado, sin observaciones; que me reanimaran y me dijeran que, a pesar de aquel desastre, seguían creyendo en mí.

De las cosas más difíciles que he enfrentado como madre ha sido escuchar: «Tengo hambre, mami», «¿a qué hora viene la luz?», «¡me quiero bañar!». Incluso, en muchas ocasiones: «Tengo sed», «quiero ir al colegio», «quiero ir a la universidad». ¡Carajo!, nada de lo que me pedían tenía. ¡Nada! Esto era mortal; era brutal; no existe en mi diccionario una palabra que pueda describir este sentir. Mi vida estaba perturbada totalmente. Una vez más, llegué a considerar cuál sería la mejor opción: ¿estar viva de esta manera, o muerta?

Para mí este era el fin, así que consideré quitarme la vida nuevamente. Sí, esto ha pasado por mi mente muchas veces; el suicidio era una salida rápida al dolor y desesperación que sentía. Me veía en un túnel negro, agotada de caminar y sin ver ni un ápice de luz. Cada vez que este pensamiento llegaba a mi mente, le abría paso a la oración, una oración deprimida y pobre, como siempre. Pensaba en cómo hacerlo, pero jamás encontré una manera; me faltaba capacidad para llevarlo a cabo. Creo que me frenaron el miedo, indudablemente el dolor por mis hijos, y el temor a Dios.

En vista de que no había empleo para mí, y asqueada de tantas dádivas, la otra opción era prostituirme. Era cuestión de decidirlo, pues la oferta estaba allí. ¡Pero no tuve ovarios para hacerlo jamás! Y no eran prejuicios sociales o morales. En mi situación, eso era lo que menos contaba; mi mente y condición no daban para un mayor razonamiento ni análisis moral. Simplemente no podía hacerlo, y creo que hasta para eso hay que tener vocación. Allí entendí que para ser puta hay que tener valentía. Las putas son unas valientes. Desde entonces, aprendí a respetarlas y soy incapaz de emitir un juicio sobre ellas. Detrás de cada persona hay una historia.

Un día, mientras mis hijos ya dormían, en silencio salí de casa; no sé a qué, pero salí. Caminé llorando hasta más de la medianoche; me senté en un parque, con un frío que me congelaba. Se me acercó un efectivo del serenazgo. Pensaría quizá que yo era una loca o una mendiga y me pidió mi identificación; no la tenía en la mano. Le dije que ya me iba a retirar, y emprendí el retorno a casa. Esa noche no dormí nada. Al amanecer, llamé a Nhianya y lloré desconsolada. Le conté que Carlos y yo ya no estábamos juntos, que las dificultades cada día eran peores. Me despedí de ella diciéndole: «Apúrate en venir, amiga, por favor».

Me hubiese servido de mucho sanar esas heridas hablando con mis hermanas. No obstante, percibí que no eran oídos para mí, porque estaban metidas en sus agitadas vidas y preocupaciones personales. Decidí, entonces, no insistir y callar; solo lloraba pensando en ellas. ¡Ay, hermanas, cuánto las lloré! Hubiese dado parte de mi salvación por tenerlas a mi lado; así fuera por poquitos días.

Cuando se acercaba la noche y, a veces, de madrugada, Mae, Gustavo y yo bajábamos a escondidas y cargábamos agua para los baños y para tomar. El condominio no permitía esto; incluso, en una oportunidad, mi hijo fue fotografiado por vigilancia, que nos acusó con la junta del condominio y el propietario del departamento.

En esos tiempos, Adriana, una hermana de la vida, de origen colombiano, también formó parte de esta faena de hambre, oscuridad y sed. Ella es una madre guerrera de dos hijos: Roger y Juliana. Dios me los bendiga eternamente. A como dé lugar, las dos nos dábamos fuerza para continuar. Adriana pasó a ser una hermana para mí, al igual que Katy.

Un día, luego de llorar mucho, Adriana se me acercó y, riendo, me dijo: «Mire, parcera, nosotras somos unas bravas y algún día nos vamos a reír de esto. Quien salga primero de esta situación, ayudará a la otra. ¡Seremos millonarias! Ella se reía y yo, de llorar, comencé a reír. Actualmente, se encuentra en Colombia, junto con sus dos hijos. Tenemos contacto permanente.

Ante el inminente desalojo del departamento, del que ya había sido notificada, me dispuse a vender los muebles, el comedor, las camas, refrigeradora, ¡todo! Parte de estos muebles fueron entregados, como parte de pago, a una bodega que me daba comida a crédito (pasta, atún, pan, queso, etc.).

En junio llegó el plazo final para abandonar el departamento y otra vez nos quedamos sin techo. A pesar de tratarse de un desalojo judicial, fue una experiencia llena de compasión. El propietario no se presentó, por motivos de trabajo, y este asunto fue atendido por su padre. Este señor, conversando conmigo el día del desalojo, supo brevemente mi historia: yo era una madre divorciada, en exilio, de profesión abogada, y sin asistencia del padre de mis hijos. Yo lloraba mientras hablaba con él. Nuestro diálogo fue muy escueto. «Perdón, perdón y perdón» eran las únicas palabras que yo alcanzaba a decir. Tras escuchar mi historia, él se levantó con los ojos vidriosos, me dio su mano y me dijo: «A mi hijo no le debe nada. Los meses de renta, luz y agua que aquí se deben, usted los ha pagado en esta travesía que le ha tocado vivir. Váyase sin deuda». Lloré aún más. Solo pronuncié: «Gracias, señor».

Para entonces, Mae ya tenía días buscando un lugar para vivir. Justo el día del desalojo, encontró un departamento en una zona más económica y a un precio más accesible. Sin ser una bonita zona, tampoco era la peor. Yo estaba renuente a salir de mi barrio, pues ya me conocía todo, y cuando fui a ver el lugar, no me agradó. Pero no había opción; parte de mi estado habitual era la resignación absoluta.

Mae se encargó de nuestra mudanza al distrito de San Miguel. Al instalarnos, lo primero que hice fue buscar una iglesia cercana. Asistía a misa dominicalmente; el padre Egildo la oficiaba y me hice amiga de él. En una confesión, supo brevemente toda mi historia. María Guadalupe era mi fiel compañera; Gustavo y Mae también asistían, pero no eran constantes. Debo acotar que Gustavo manejaba cierto resentimiento con Dios, y todos los días enfrentaba esto con mi hijo.

Un día invité al padre a desayunar a casa. Aprovechando que estábamos todos, le pedí que confesara a mi tribu completa, menos a María Guadalupe que no había hecho su primera comunión. También que le diera la bendición al departamento. Compartimos por más de dos horas.

En esa temporada comenzó el éxodo más grande de venezolanos hacia varios países del mundo, siendo Perú uno de los principales destinos. Al país ingresaban cantidades impresionantes de compatriotas de todo tipo. Y digo todo tipo, porque llegaron personas de toda índole social y moral, motivo por el cual los venezolanos comenzamos a sufrir de xenofobia o «rechazo a los extranjeros».

Estando en el nuevo departamento y viendo este panorama migratorio, se me ocurrió rentar una habitación, de modo que tuviéramos un ingreso más. Para ese entonces, Mae tenía dos empleos: en una cadena de restaurantes y en una academia de baile. Su sueño era estudiar y siempre fue una alumna brillante. Con el máximo promedio, hablaba dos idiomas y estaba aprendiendo un tercero. Lamentablemente, no pudo ingresar a la universidad.

Debíamos trabajar para subsistir. Yo tenía claro que emplearme en el Perú era un hecho imposible, y siempre busqué generar ingresos desde casa, con la venta de postres y comidas. En el edificio vendía bastantes postres, porque coloqué una página impresa promocionándolos en la cartelera del primer piso. Gustavo ya estaba cerca de cumplir dieciocho años y también comenzó a buscar empleo. Además, encontró un colegio de libre escolaridad para culminar su año de secundaria. Solo quedaba María Guadalupe pendiente por reincorporarse al colegio.

Como lo había pensado, renté una habitación dentro de mi departamento para ayudarnos con los gastos. Mis inquilinos siempre eran personas recomendadas. Esta habitación fue arrendada a personas, todas de origen venezolano, que siempre le dieron un toque pintoresco a mi hogar. ¡Olía a Venezuela!

Las cosas empezaron a mejorar. Mae era una gran ayuda económica; sin ella, no hubiese podido. A Gustavo se le dificultó un poco emplearse, porque sus papeles no estaban al día; pero consiguió un trabajo informal.

Mae, que había iniciado una relación con un chico peruano, se sentía cansada con los dos empleos. Cubría horarios nocturnos y su descanso, a veces, era en el día, por lo que no podía dormir bien, de modo que pensó en renunciar a uno. Yo le dije que si antes habíamos podido sobrevivir, ahora también lo haríamos;

que se quedara con un solo trabajo y que descansara. Renunció a la academia de baile y se quedó en la cadena de restaurantes.

Mariana, una amiga del colegio de Mae en Venezuela, llegó a Lima y la recibimos en casa. Mariana se empleó de mesera en un restaurante típico del Perú y también aportaba para los gastos de la casa. Al tener aquí a su gran amiga de Venezuela, Mae se sintió un poco liberada de tanto peso, y comenzó a salir a disfrutar de las noches que ofrecía Lima. Esto me preocupaba, sobre todo por la seguridad de las dos. Gracias a Dios, nunca tuvieron ningún problema, y estas salidas se calmaron.

Llegó el mes de diciembre y nos organizamos en casa; no faltó nada. En Navidad, a María Guadalupe se le regaló lo que en ese momento pidió. Unimos fuerzas y, por primera vez en tantos años, hicimos hallacas, un plato típico navideño de mi país. ¡Éramos y somos una tribu! Para la fiesta de fin de año, a Mae le tocó turno en su trabajo, así que ese día nos organizamos para irnos al restaurante donde trabajaba y pasarla juntos. Fue maravilloso. Allí cenamos y compartimos. Esperamos a que Mae terminara su turno y regresamos a casa.

Capítulo 9

Año 2017

Al inicio del verano, las cosas iban ajustadas, pero no faltaba dinero para lo necesario. Mariana dejó de trabajar en el restaurante y, juntas, comenzamos a hacer desayunos para obreros. Salíamos luego de amanecer, a las cinco y media, y a las nueve de la mañana ya estábamos desocupadas. Eran unas caminatas monstruosas: atendíamos cuatro obras de construcción. No daba mucho, pero cubría la comida diaria en casa. Adicionalmente, yo seguía con el negocio de repostería.

Mariana, al conseguir otro trabajo, buscó un poco de independencia y se mudó. La comunicación con nosotros continuó y hubo visitas esporádicas. Yo continué sola con los desayunos en las obras. De las cuatro obras que cubría, tres fueron culminadas y solo quedé atendiendo una. El nuevo jefe de esta obra me pidió una serie de requisitos, como permiso, seguro, casco y botas; como yo no los cumplía, me dijo que no podía seguir vendiendo comida a sus obreros.

Dejé de trabajar en eso, seguí con los postres y, otra vez, me dediqué a preparar almuerzos los fines de semana. De cualquier manera, resolvía nuestras necesidades haciendo una y otra cosa, incluso endeudándome. Cuando me liberaba de algún pago, volvía a adquirir otra deuda. Luego, buscaba qué vender y, así, iba llevando la marcha, con tal de que en mi casa no volviera a haber momentos de sed, oscuridad y hambre. Asumía siempre la mayor responsabilidad, tratando de bajar el peso en el hombro de Mae. Sin embargo, su aporte era vital.

A inicios de enero, mi familia me dijo que un primo, hijo de un hermano de mi madre, había decidido viajar a Lima en busca de mejores oportunidades de vida, porque la situación en Venezuela era cada vez más deplorable. Conversé largo rato con él y busqué la información que solicitaba, como costos de boletos. Llegó a Lima a finales de enero.

Por esos días, apareció en mi vida quien hoy es mi gran amiga y terapeuta, Sara. Yo iba en un bus hacia Miraflores y Sara estaba en el asiento detrás de mí. En ese momento, le estaba mandando un mensaje de voz a mi primo y ella, venezolana al fin, al escuchar mi tono de voz, me abordó, no recuerdo con qué excusa; lo cierto es que hasta intercambiamos números. Desde ese momento, Sara entró en mi historia. Sara y yo hicimos un clic increíble; hubo una conexión y una empatía divina. Estábamos en contacto permanente y sus visitas eran constantes. Sara es psicóloga y profesora de inglés y francés. Una mujer encantadora y muy optimista, con una filosofía de vida llena de paz y armonía.

Sarita, como le digo de cariño, y su familia son migrantes venezolanos. Luego de un secuestro traumático y de las condiciones nefastas en que el régimen tiene sometido al país, decidió venir al Perú en búsqueda de mejores oportunidades de vida o, mejor dicho, buscando vivir dignamente.

Ese día, de regreso a casa, mi hermana del alma, Nhianya, me llamó para darme la mejor noticia del año. Su venida a Lima estaba casi lista; solo quedaba apostillar los últimos documentos. Lloré de la emoción. Me dijo: «Ahora vamos a triunfar».

En vista de que en Perú no podíamos ejercer como abogados hasta revalidar nuestros títulos, me dijo: «Hermana, vamos a abrir un colegio de atención inicial, así que ve averiguando los requisitos necesarios y los alquileres para la sede. Que sea una zona buena y también cercana al departamento». De allí en adelante, comencé las averiguaciones y le fui informando, mientras intercambiábamos ideas.

A fines de enero, llegó de Venezuela mi primo el gran clown Josmar Chacín, payaso de hospital por vocación y de profesión administrador, a quien veía después de tantos años.

Por otro lado, el padre Egildo, que me conocía perfectamente, me dijo que, a través de la iglesia, podía ofrecernos desayuno y almuerzo, ya que nos había registrado como familia vulnerable. En mi entorno de San Miguel, una familia venezolana estaba pasando por necesidades de comida; entonces decidí traspasarles ese beneficio que me daba la iglesia; también hice esto con dos inquilinos. Así, ellos, que estaban comenzando, se ayudaban un poco y podían mandar más dinero a Venezuela.

Una vez más intenté emplearme, pero no se daba nada. Una vecina que siempre me compraba postres, un día me invitó a salir y tomar algo. Esa misma noche, nos hicimos amigas. A los días, me dijo que, en su trabajo, una empresa transnacional, se había abierto una vacante en el campo legal; aunque yo no podía ejercer, tal vez podría solicitar una entrevista y ver qué pasaba. Le entregué mi CV y, al día siguiente, me llamaron. Yo no tenía ropa apta para asistir a una entrevista de trabajo; sin embargo, el señor José Luis, mi antiguo jefe, quien siempre me apoyó, me dijo: «¡Vamos a resolverlo!». Me encontré con él en Miraflores y me regaló ropa y zapatos para asistir a mi entrevista.

El día de la entrevista no pude conversar con uno de los representantes legales de la empresa, sino con su asistente. Por primera vez sentí que había rendido una entrevista cabal y segura, pues no hubo momento en el que no me hubiese defendido.

El asistente se mostraba conforme en todo; de hecho, conversamos sobre varios temas dentro del contexto legal y jurídico. Fue una entrevista encantadora.

Al día siguiente, recibí la llamada de quien me debió entrevistar originalmente y me pidió reunirnos. Esta vez, mi amiga y vecina me prestó algo de ropa y usé los mismos zapatos del día anterior. La entrevista tardó una hora y fue fascinante; estar dentro de mi campo me daba una seguridad absoluta. Siento una fuerte pasión por mi carrera. El abogado en cuestión me felicitó y me dijo que el cargo era mío en un 80 %. Él estaba plenamente seguro de que yo debía asumir el cargo de auditora legal. Señaló que mi CV iba más allá de lo exigido y que, además, mi entrevista había sido rendida de manera impecable, destacando la destreza en mi oratoria y mis argumentos ante cada escenario planteado. El único inconveniente era que yo no podría firmar por mi trabajo, ya que mi título no había sido revalidado. Él no vio esto como un obstáculo; al contrario, afirmó que lo resolvería. El planteamiento era el siguiente: yo haría mi trabajo y otro abogado de la empresa lo visaba.

Quedó en llamarme, pero pasó una semana y no tuve noticias de él. La ansiedad se apoderó de mí y todo apuntaba a que, una vez más, era negativo el procedimiento. A la semana siguiente, recibí la llamada tan esperada. Me citó en una panadería de Miraflores a tomar un café, donde me informó que las cosas estaban tardando un poco más ya que desde España, donde queda la sede principal de la empresa, se había emitido la orden de que la vacante quedara suspendida. Sin embargo, él siempre me dio la certeza de que en cualquier momento se abriría. Esta oferta laboral jamás ocurrió, nunca me llamaron.

Era más de lo mismo. Esto afectó bastante mi situación emocional, sentí un bajón inmenso. Me había ilusionado mucho con esta posibilidad. Era una sentencia: yo jamás sería contratada formalmente en Lima.

Se aproximaba el inicio del año escolar y María Guadalupe venía de perder el año pasado. Cerca de casa, a menos de dos cuadras, había un colegio muy grande y desde afuera podía concluir que tenía buenas instalaciones. Lo visité y averigüé todo lo pertinente. Comparado con los colegios anteriores, este ofrecía la misma calidad académica y era mucho más cómodo en la matrícula y pensiones.

Sacando cuentas con Mae, vimos que no nos alcanzaba para asumir ese gasto. Si bien las cosas iban mejor que antes, no era menos cierto que, si asumíamos ese gasto, podían devenir nuevamente momentos muy difíciles, lo cual me aterraba. Por más que pensaba en cómo darle a mi hija esa oportunidad de estudio, no hallaba la posibilidad. Y en mi mente no dejaba de considerar este colegio.

El domingo siguiente, como de costumbre, asistí a la misa oficiada por el padre Egildo. Al terminar, el padre nos visitó en casa y me preguntó dónde iba a estudiar María Guadalupe. Le respondí que aún no lo habíamos resuelto. Cuando terminamos el café, súbitamente me dijo: «Espérame un rato. Si no vuelvo, te llamo». A la media hora, me llamó y dijo: «Estoy abajo. ¿Puedes traerme los documentos escolares de María Guadalupe?». Se los bajé de inmediato, pero él no me dio detalles de lo que estaba haciendo y se retiró. Faltaba una semana para el inicio del año escolar.

Ese mismo día, antes del mediodía, el padre Egildo se comunicó conmigo de nuevo y me dijo: «Mañana lunes te esperan en el Colegio Santo Domingo el Apóstol, a las dos de la tarde».

Luego, me dio las indicaciones de lo que tenía que hacer y por quién debía preguntar. ¡Dios mío!, era el colegio cercano que siempre había considerado para mi hija. ¡Qué bendición!

Al día siguiente, me alisté, fui al colegio y pregunté por la persona que el padre me indicó. En efecto, me estaba esperando. María Guadalupe fue exonerada de la matrícula y le otorgaron media beca estudiantil por beneficio social. Esto fue celebrado en casa y agradecido a Dios inmensamente.

¡Gracias, padre Egildo! Dios lo bendiga doblemente.

María Guadalupe estaba encantada con su nuevo colegio. Era la niña más feliz del Perú y esto se podía ver en sus ojos, que brillaban de entusiasmo. El colegio Santo Domingo el Apóstol maneja una filosofía académica con muchos valores y sus instalaciones son excelentes. Además, ofrecen apoyo psicológico permanente, lo cual era de gran ayuda porque todo lo que habíamos pasado había dejado estragos en mi hija. Y es que el año que estuvo sin estudiar le provocó una crisis de ansiedad que yo no sabía manejar; solo oraba con ella. A veces me desesperaba con sus temas y sentía impotencia de no saber abordarlos. Este colegio le dio un impulso en todos los sentidos. Ese año ocupó el segundo lugar académico.

Mientras tanto, las cosas en casa marchaban en un sube y baja económico. Mae ya era adulta y necesitaba cubrir gastos personales. Se había convertido en mujer y tenía un enamorado con quien mantenía una relación bastante reservada; nunca hubo vinculación entre nuestra familia y la suya. Yo siempre estuve abierta a recibirlo, pero ella prefirió ser discreta. De todas maneras, la orienté y aconsejé lo mejor que pude. Por las circunstancias vividas en años pasados, ella tuvo una madurez precoz y aprendió forzadamente a manejar las cosas por sí misma.

Mi primo Josmar se abrió paso rápidamente, al ser un chico muy «pilas» y decidido. Mi hijo Gustavo debía poner al día sus papeles para tener un empleo formal, pero ello representaba un gasto que no podíamos costear.

A Josmar se le ocurrió vender arepas como ambulante. Por mi experiencia vendiendo en la playa, yo sabía muy bien que Serenazgo y Fiscalización serían un gran obstáculo para este emprendimiento. Pero no lo desanimé; por el contrario, le dije: «¡Vamos a vender arepas!». Aquí comenzó la gran travesía de la venta de arepas, en la que participamos Josmar, Gustavo y yo.

Josmar era un hombre con experiencia frente al público, atrevido y bromista, así que rápido lo logró. Para mí, en cambio, fue una odisea. No me salía el tan esperado grito de guerra «¡AREPAAAAA!»; era como si mi garganta estuviera congelada y mi lengua trabada. ¿Vergüenza? ¿Falta de costumbre? No sé. Siempre he pensado que el trabajo dignifica, pero tal vez, como nunca me había tocado hacerlo, costaba, ¡y mucho! Gustavo pasó por lo mismo que yo, hasta que también le agarró el truco y fluyó vendiendo sus arepas.

La experiencia de las arepas fue algo muy gratificante: me enseñó a ser más humilde y a conocer la realidad de mis compatriotas, sobre todo de jóvenes que debían estar estudiando en lugar de trabajar en las calles de Lima para brindar una vida digna a sus familiares. Vi mujeres embarazadas y niños sentados en la calle, mientras sus padres vendían arepas. Escuché mil historias dolorosas de familias que se separaron, sin saber si volverían a verse.

Vendiendo arepas, supe que llegar al Perú era posible por tierra, en un viaje que podía tomar una semana cruzando fronteras y abismos en buses. Escuché travesías donde niños eran separados de sus padres por falta de documentación y que su entrega era negociada por coyotes; esta muchas veces nunca se daba. Un sinfín de historias tocaron mi alma y en muchas terminábamos llorando con quien la contaba. Dentro de todo este proceso migratorio, que ha sido tan mediático, los buenos somos más. Estos buenos, con el corazón, alzamos las banderas que representan nuestras vidas: la de Venezuela, donde nacimos, y la de Perú, donde nos convertimos.

La venta de las arepas duró unos cuatro meses, hasta que el Serenazgo comenzó una fuerte fiscalización, ya que las ventas ambulantes se convirtieron en algo incontrolable. Además, había muchísima competencia, pues muchos venezolanos lo hacían. Ya no era negocio.

El 4 de mayo en la noche, cuando me disponía a ir a la cama, repentinamente, abrieron la puerta de mi habitación. Primero vi a Gustavo, que encendió la luz y dejó ver a Mae. Ambos ingresaron. Gustavo se sentó al pie de mi cama y Mae se me lanzó encima; con palabras entrecortadas, me dijo: «¡Mami, tienes que ser fuerte!» Sentí que dejaba de respirar. «Nhianya ha muerto». Tras segundos sin reaccionar, salí de la cama y corrí desesperada por todo el departamento, gritando y llorando. Pensaba que todo era un error, que había un malentendido. Ya en la sala, me senté en el sofá y traté de respirar bien, pero no podía. Otra vez grité. Mis hijos trataron de calmarme; María Guadalupe se despertó y todo fue muy confuso. El profundo dolor que sentía no me dejaba levantar del mueble, ni dar un paso. Calculo que recién a la una de la mañana pude tomar el teléfono y hacer la llamada que correspondía. Confirmé que todo era cierto: mi hermana de la vida estaba muerta y ya no vendría. Un aneurisma había acabado con ella.

Me llevó varios meses asimilar que Nhianya ya no estaba. De hecho, a veces la siento más viva que nunca. Fueron días muy tristes, de preguntas a Dios y ninguna aceptación. También a ella le reclamé y le pregunté desesperadamente dónde estaba. Al final, rompía en un llanto que me llevaba a la cama.

Cuando se cumplió el primer mes de su fallecimiento, salí a caminar destrozada por el dolor. No llevaba ni veinte metros caminando cuando sentí que me desmayaba. Entonces, me apoyé en una pared y grité con todas mis fuerzas «¡Hermana! ¡¿Dónde estás?!». En ese instante, un escalofrío recorrió todo mi cuerpo y una brisa muy fuerte me abrazó. Miré al cielo y todo se me nubló. Escuché perfectamente su voz: «Hermana, ya no llores más; estoy en el cielo. Tienes que seguir la batalla; tú puedes y yo estoy contigo. Te amo». Lloré mucho más. Regresé a casa y me eché a dormir.

La muerte de Nhianya, la última entrevista de trabajo, ser vendedora ambulante, las deudas acumuladas, mi estado de necesidad... Todo se me juntó y me llevó otra vez a un estado depresivo, aunque no tan largo como los anteriores. Pero sí me sentía perdedora y, sobre todo, me entraban crisis de desesperación, al no ver nada que me impulsara y motivara a resurgir.

En la semana de la muerte de Nhianya, hablando con mi padre, como era costumbre diaria, no aguanté y comencé a llorar sin consuelo. Él se desesperó y le pasó el teléfono a mi madre quien, después de un rato, se lo devolvió. Recuerdo que les dije que extrañaba demasiado a mi familia, y que los necesitaba en mi vida para continuar. Yo deseaba meterme por el teléfono y estar al lado de ellos. Les comenté que las cosas no estaban bien, que no había trabajo, tampoco dinero; que se me hacía muy difícil sacar a mis hijos adelante y que me sentía demasiado cansada y deprimida. Ellos, dentro de su infinito amor, me dieron palabras de fuerza y de aliento.

En Venezuela la situación estaba fatal. Había temporadas sin luz y agua. El sector privado agonizaba y la escasez era absoluta en los supermercados. Recibir ayuda desde allá era imposible. Además, el control de cambio instaurado desde años atrás, imposibilitaba cualquier acceso a una moneda internacional.

Luego de aquella llamada, mis padres tomaron una decisión. Sin que yo sepa, les dieron sus anillos de bodas a un familiar que viajaba a Estados Unidos, para que los vendiera y, desde allá, girara el dinero a nuestra familia. Esos anillos eran verdaderas joyas; además, tenían un valor simbólico muy grande. Cuando mi madre me contó lo que habían hecho, yo solo le dije que no debieron hacerlo, que no hacía falta y, quebrada en llanto, les di las gracias a los dos.

Ese dinero, efectivamente, me fue girado, pues era decisión de mis padres. Pese a ello, hubo un familiar quien me juzgó por esta acción. Más allá de la molestia que este gesto haya podido causar a mi familia, ello produjo en mí una incisión muy dolorosa que arrastré por unos cuantos meses, sintiéndome, una vez más, culpable de todo y con la moral por el suelo. Ciertamente, era el momento en que yo debía estar aportando a mis padres, pero, por circunstancias de la vida, me tocó recibir de ellos una ayuda más.

Pido perdón por callar detalles de mi realidad durante tantos años. Perdón por no acudir directamente a ti en busca de ayuda. Estoy segura de que, si lo hubiese hecho, o te hubiese puesto al tanto de todo lo que vivimos mis hijos y yo, me hubieses dado la mano que tanto necesitaba y, sobre todo, el amor y el abrazo demandado durante tanto tiempo de separación familiar. Te ratifico mi amor, quiero que sepas, que mi amor hacia ti está intacto. También estoy dispuesta a dar mi vida por ti si fuera necesario, así como lo hice durante los años antes de mi partida. Dios te bendiga.

Con esa ayuda, pude sostenerme un tiempo. Compré comida y también pagué un mes de renta. Aunque la tormenta seguía siendo fuerte, yo trataba de mantenerme erguida. Seguía haciendo postres y comidas, y también aplicando a algunas vacantes que ya llegaban automáticamente a mi correo.

Para mayo, Josmar recibió a su novia Inés. Se independizaron y emprendieron juntos. Siempre estuvieron en contacto. ¡Familia es familia!

Recordando a Nhianya, pensé en Carlos y decidí informarle sobre su fallecimiento. Le mandé un *email* y le conté lo ocurrido. Desde entonces, hemos mantenido contacto. No nos hemos visto, pero siempre hemos conversado por teléfono o por correo.

Mientras tanto, María Guadalupe seguía estudiando. Según ella, este colegio es lo mejor que le ha ocurrido en el Perú. Se sentía feliz y esto me aliviaba bastante.

En septiembre, recibimos una llamada de mi sobrina María Daniela, hija de mi hermana Naivy. Nos informó que viajaba desde Caracas a Buenos Aires, donde estudiaba. Su vuelo haría una escala de diez horas en Lima. La alegría fue inmensa, porque era una oportunidad perfecta para compartir con la familia, así sea por unas horas. Nos alistamos y fuimos al aeropuerto para estar junto a ella el máximo de horas posible. Verla fue como ver a todos mis sobrinos: una sensación de amor infinito. Esta breve reunión familiar nos recargó de amor; el contacto físico es vital para restaurarnos. La acompañamos por varias horas y no queríamos separarnos de ella. Ya de noche, retorné a casa con María Guadalupe y Gustavo; Mae decidió dormir en el aeropuerto con su prima y regresar al día siguiente.

Ese mismo septiembre, María Guadalupe recibió el sacramento de la Primera Comunión, para la cual se venía preparando. La ceremonia fue muy bella y oficiada por mi amigo, el padre Egildo.

Mae seguía con su enamorado, a quien yo ya había conocido y visto unas cuatro veces, a lo mucho. Iniciando el mes de octubre, exactamente el día 10, Mae y él me invitaron a almorzar. Así, ella y yo fuimos al lugar donde nos estaba esperando Patricio, su enamorado. Llegamos y pedimos el servicio. Yo presentía algo, pero jamás lo que me informarían. En ese momento, me anunciaron que sería abuela; Mae estaba embarazada. Tan pronto escuché eso, me desmayé. En ese instante, por mi mente pasó una película completa de mi familia: padres, hermanas y cuñados. Fue una sensación que hasta hoy no puedo describir. Tras recibir esa noticia, perdí el apetito y lloré de decepción. Sí, ese era mi sentimiento: decepción; no por el embarazo, sino por la falta de comunicación previa. Ella estaba plenamente informada sobre lo que es llevar una vida sexual activa y sus consecuencias, y él, mucho más. Mae apenas contaba con veinte años, y él, con treinta y tres. Hasta donde Mae me había comentado, era un joven arquitecto, de buena familia.

Ni modo, a enfrentar las consecuencias de lo que, ante todo, era un nacimiento. Yo soy una mujer provida, defensora y activista de este derecho en cualquier contexto.

El almuerzo terminó, sin ser disfrutado, y nos fuimos todos a casa. Les comuniqué la noticia a sus hermanos. Gustavo, en su rol de único hombre en casa, le dio la mano a Patricio y le dijo: «Es ahora cuando yo te voy a conocer, ¡y espero ver la responsabilidad de un hombre!». María Guadalupe, en su inocencia, se puso feliz. Yo hice las llamadas correspondientes a mis hermanas y cuñados. A mis padres no les dije nada; esa llamada le correspondía a Mae.

Fue una verdadera sorpresa para la familia y todos conversaron con ella. Luego de un par de meses, ella misma llamó a sus abuelos y les informó. Mi padre sufrió un shock emocional, que gracias a Dios solo duró segundos. Tanto él como mi madre le dieron su apoyo absoluto, con las indicaciones adecuadas para que afrontara esta nueva etapa que, oportunamente, fue llevada con mucha madurez y responsabilidad.

Desde mi lugar de madre, recibí esa noticia como una gran bendición. Después de tantos momentos de tribulación, un bebé en casa sería la cura para tantas heridas y dolores acumulados, y una alegría para todos. Desde el punto de vista social y psicológico, entendí que Mae, por todo lo vivido, cuando se sintió un poco liberada de responsabilidades, comenzó a vivir apresuradamente. Ella quemó etapas, incluso en su niñez, pues desde los catorce años tuvo responsabilidades compartidas conmigo, no económicas, pero sí, de atender a sus hermanos. También percibí que, en cierta medida, ella quiso hacer su vida y asumir responsabilidades propias, y no cargar más con las que, por naturaleza, eran solo mías. Esto también sumó a mi conciencia una dosis de culpa.

Mae se fue de casa y comenzó a vivir en pareja; igual mantuvimos una comunicación permanente y me visitaba. Con mi instinto de madre duplicado al cuadrado y por todo lo vivido, presentí que algo andaba mal con ella, pues su mirada era triste y, además, siempre estaba agotada. Tuvo una amenaza de aborto, que la llevó a renunciar a su trabajo; además, su presión comenzó a subir, lo cual era muy peligroso.

Mientras Patricio trabajaba, ella se quedaba sola en casa. Un día la visité y le dije que, sin importar nada, ahí estaba yo y que, por encima de cualquier cosa, jamás la iba a desamparar, que éramos una tribu. Le dejé esa ventana abierta, de modo que, si algo estaba ocurriendo, ella sintiera que tenía con quién contar. Pasaron dos meses y ella me comunicó que debían entregar el departamento donde vivían. Patricio iría donde sus padres y ella retornaría a nuestro hogar. Cuando volvió a casa, comenzó a abrirse conmigo en algunos detalles de su vida personal. Realmente, mi hija estaba sufriendo muchísimo, pero estaba enamorada. Le di todo el apoyo y amor necesario y, una vez más, le hice saber que estaba en su casa; que no tenía por qué dudar en quedarse, si era necesario hacerlo.

Al estar Mae con la responsabilidad de un embarazo y una familia; Gustavo, sin trabajo; y la habitación sin ser rentada; otra vez la situación volvía al punto de partida. Comenzaba el descenso, no como antes, pero todo ingreso era para pagar la renta, los servicios y el colegio de María Guadalupe. Para la comida, a veces alcanzaba y otras no; en este caso, lo que hubiera, se reservaba para María Guadalupe.

Mae estuvo en casa desde noviembre. Durante su estadía, se suponía que Patricio buscaría un departamento para instalarse y, allí, esperar el nacimiento. Esto se dio recién una semana antes del parto. El embarazo de Mae fue asistido a los nueve meses, como debe ser. Sus controles eran puntuales y todo, aparentemente, marchaba muy bien.

Pasamos la Navidad en casa, sin mucho que celebrar. Cenamos, y todos, incluso yo, recibimos obsequios; la más regalada fue mi pequeña María Guadalupe. Todos estos detalles provenían de una linda familia peruana, con quien tuve la dicha de compartir cerca de dos años.

Capítulo 10

Año 2018

Siempre, en la temporada de verano y vacaciones escolares, guardaba la esperanza de que el nuevo año trajera cambios. Y aunque el año anterior no hubiese ocurrido aquello, igual tenía la fe de que, con cada año, vendrían esas mejoras tan anheladas. Mi mente volaba en ilusiones, expectativas, planes y proyectos.

Esos meses fueron de preparativos y de mucha ilusión, pues llegaría el pequeño Julián Oswaldo, mi nieto. De cualquier manera, mi familia quería estar presente en este evento tan importante; sin embargo, vistas las condiciones migratorias de cada integrante en diferentes países, esto no fue posible. Mis padres estaban renovando sus pasaportes, gestión que es casi misión imposible en Venezuela.

A mi sobrina Yumiko le tocó viajar y representar a la familia. Ella tenía todas las condiciones para viajar. No obstante, por sus estudios, no pudo acompañarnos el día del parto; pero sí vino antes, así que, con gran emoción, la esperamos. La llegada de Yumiko, en marzo, fue un momento conmovedor para todos. Ver a mi sobrina convertida en una mujer me mostró, en segundos, los años transcurridos, y derramé lágrimas de ternura y amor. Para ella también fue impactante ver a sus primos ya jóvenes, y a María Guadalupe toda una señorita. Cada gesto de amor y afecto de Yumiko los sentí con nombre y apellido: papá, mamá, hermanas, cuñados y sobrinos. Esto fue la gloria.

Yumiko es hija de mi hermana Nayrobi, un ser único, bondadoso y humilde, que reza más que la madre Teresa de Calcuta. El padre de Yumiko, el esposo de mi hermana, es mi cuñado Kaduo, médico internista y brillante cardiólogo; además aficionado al golf y a los animales. Es un tipo muy serio, cauto y con una disciplina que jamás he conocido. Hijo de padre japonés y madre venezolana, forman una familia ejemplar.

Además de venir repleta de amor, Yumiko también llegó con regalos y presentes para todos nosotros, en especial para María Guadalupe y para el próximo miembro de la familia, Julián Oswaldo. También hubo presentes de mis hermanas Naivy, Nayrobi y Ada. Yumiko estaba pendiente de todo en mi hogar; preguntaba y chequeaba todo, e hizo compras para la casa. A diario salíamos de paseo y a hacer un poco de turismo. En cada salida, María Guadalupe era la consentida.

Yumiko vive y estudia en Estados Unidos. Me dijo que, siguiendo indicaciones de sus padres, tenía que ir al colegio de María Guadalupe y solicitar un estado de cuenta. Yo no podía esperar menos de mi familia. Fuimos al colegio donde tenía algunos meses sin pagar. Yumiko hizo el pago total y, además, matriculó a María Guadalupe para su nuevo año escolar. ¡Bendito sea Dios! Él siempre se manifiesta.

De igual modo, al día siguiente Yumiko nos pidió a María Guadalupe y a mí que fuéramos con ella al supermercado, donde hizo compras para dejarnos abastecidos durante, al menos, un mes. Cada gesto de Yumiko era un golpe moral para mí. Verla desde el ángulo de tía era notar que los roles se habían invertido.

Yumiko vio de cerca nuestra situación. Un día nos sentamos a conversar sobre lo que había sido mi vida desde mi llegada a Lima. La conversación se centró en mis dificultades para emplearme o emprender. Ella trajo al presente lo que había sido yo en Venezuela; en su memoria solo tenía a una tía y a tres primos muy bien posicionados y sin carencias de ningún tipo. En un momento lloró y me preguntó: «Tía, ¿qué pasó? ¿Dónde estás? Yo necesito ver de regreso a la tía que conocí, esa que tocaba piedras y las convertía en dinero; esa tía que todo lo que emprendía resultaba formidable». No le respondí nada; callé y lloré. No tenía la respuesta, no la sabía; solo sentí que jamás vería volver a la Anaí de Venezuela. ¡Me perdí! Esa era la respuesta: en algún momento de la vida me perdí, y no encuentro el camino de retorno; llevo años buscándolo desesperadamente y no lo hallo. Aún estoy perdida.

No sé cuál es el propósito exacto de Dios para mi vida. Sea cual fuere, demanda que siga perdida o, tal vez, caminando por el infierno tomada de su mano. Nuestra charla culminó con abrazos llenos de amor. Fue muy duro despedir a Yumiko. No quería que se fuera; tenerla aquí era sentir a mi hermana. Cada vez que me tocaba despedir a uno de los míos, sentía que se me iban años de vida. La confluencia de sentimientos que se hacían presentes provocaba en mí una inmensa culpa que, al ver los rostros de mis hijos, me golpeaba aún más fuerte.

A la semana siguiente, María Guadalupe comenzó su año escolar. Continuaba con su media beca por beneficio social; además, le hacía honor con su alto promedio. Durante ese año, se afianzó la amistad con unos padres de familia del colegio de María Guadalupe: la familia Espinoza Muhlig, Michael y Marita, unas personas espectaculares. Este matrimonio me ha dado su inmenso afecto y apoyo en momentos de dificultad. Mientras yo tenía que salir a batallar y ver la forma de traer ingresos a casa, ellos se ocuparon de María Guadalupe con sus tareas y almuerzo diario.

Otra gran amiga del colegio es Katia, quien me ha brindado fuerzas, llenando siempre mi corazón de esperanza y dándole a María Guadalupe un cariño extraordinario. Con Katia he tenido momentos de oración y gran significado espiritual que me han ayudado a hacer más ligera mi carga. Estas personas, a lo largo de todo el año escolar, me dieron sus hombros para recargarme cuando sentía que ya no daba más.

El nacimiento de nuestro bebé estaba previsto para mayo y Mae seguía en casa con nosotros. Faltando una semana para el parto, Patricio rentó un minidepartamento en el distrito de San Isidro y mi hija se mudó allí. En casa, estábamos alertas a su llamada; no dormíamos pendientes de aquella llamada. El 16 de mayo recibimos la gran llamada. Mae estaba presentando contracciones y fuimos todos a la clínica, en la cual estaba asegurada. En ese momento recién conocí a la familia de Patricio. También se hicieron presentes mi primo Josmar y su novia Inés; Sarita tampoco podía faltar. Allí estuvimos por horas. El trabajo de parto de Mae fue largo y de alto riesgo. Sufrió una preeclampsia y así parió. No hubo tiempo de nada; ni de una cesárea. Como consecuencia de esto, mi hija casi muere y el bebé hizo una sepsis neonatal. Mae luchó y superó todo; sin embargo, el diagnostico de Julián era reservado.

¡Cuánta falta me hacía mi gente, mi familia! Yo tengo una fe ciega en la capacidad como médico de mi cuñado Kaduo; en ese momento quería que se apareciera en la clínica y atendiera todo lo del bebé. Cada examen médico lo consultaba con mi cuñado, y, así, cada uno de los resultados. Sentí una desesperación inmensa.

Los médicos indicaron que a Julián había que hacerle punción medular; le hicieron tres y ninguna tuvo éxito. Julián seguía sin responder; no salía del cuadro de la sepsis. Mae fue dada de alta, pero Julián se quedó en UCI. Mi hija se comportó como toda una guerrera. Iba varias veces al día para darle de lactar a su bebe; apenas amanecía, ya estaba al lado de él, hasta la noche. Así se creó el lazo entre ellos.

En medio de aquel temor, lo único que hacía yo era rezar. Siempre sin entender las pruebas que Dios insistía en mandarme; pensaba yo que Él estaba segurísimo de que yo podía soportar todo eso. Insistentemente era bombardeada por pruebas.

Los médicos autorizaron que, además del papá y la mamá, un día a la semana los abuelos podían ingresar a UCI. Al ver a mi nieto supe de inmediato que en el amor de una abuela hay una ternura entrañable que trasciende todos los demás afectos del corazón. Julián, eres luz, mi amor.

Inmediatamente, llamé a mis padres, quienes siempre estuvieron allí, pendientes como bisabuelos, abuelos y padres. Les expresé mi sentir y traté de trasmitirles calma ante la incertidumbre en que vivían, producto de la distancia. De igual manera, hablé con cada una de mis hermanas y cuñados, que también siguieron este emotivo trayecto. ¡Unidos éramos fuerza! Hubo una cadena de oración permanente. Mi hermana Naivy, al ver esta situación de ir y venir de la clínica, más almuerzos y demás gastos, me envió ayuda económica para que yo pueda estar el mayor tiempo posible en la clínica.

Julián comenzó a reaccionar; aunque sus exámenes no eran alentadores. Su cuadro clínico no rezaba con los resultados médicos: Julián mamaba y sus reflejos respondían. Fue visto por infectólogos, neurólogos, especialistas de todo tipo y nada; no le autorizaban el alta. La situación era angustiosa.

Durante la estadía en la clínica, surgió un hecho extraordinario. Al nacer Julián, el padre debía registrarlo como nacido vivo ante la empresa del seguro, de manera que la cobertura de la póliza fuera efectiva desde el nacimiento. Pero, debido a todas las circunstancias del parto, este detalle fue pasado por alto. Transcurridos dos días desde el nacimiento, Mae alertó a Patricio sobre este punto. Él se dirigió al módulo del seguro, ubicado en planta baja de la clínica, y planteó la situación. Patricio nos contó que lo atendió una señora muy dulce y receptiva. Tras explicarle lo ocurrido, le preguntó por la posibilidad de solventar esto de algún modo, ya que los gastos iban en ascenso diario y no había una fecha prevista de alta. La señora le dijo que se calme y le pidió los datos del titular de la póliza. Al cabo de unos minutos, le dijo: «Ya hice lo que yo tenía que hacer; el resto está en manos de Dios. Mañana a primera hora vaya a Administración y solicite su estado de cuenta». Patricio agradeció y se marchó.

Al día siguiente, Patricio solicitó el estado de cuenta y se enteró de que la cobertura del niño había sido activada desde su nacimiento. La señora hizo todo. Enseguida, Patricio le dio la noticia a Mae, que agradeció a Dios. En reconocimiento, Patricio le llevó a la señora un recuerdo del nacimiento de Julián. Esta vez, el módulo era atendido por un joven, al que le pidió si podía contactarlo con la señora que lo había atendido el día anterior. El joven respondió que, ese día, el módulo había permanecido cerrado, ya que los domingos la atención era solo por teléfono. También le informó que la empresa no tenía damas atendiendo dicho módulo. Patricio reiteró que él mismo estuvo allí y que habló con una señora, a quien procedió a describir. El joven alegó, una vez más, que eso no era posible. Mi yerno, entonces, entendió que estaba frente a un milagro. Le contó lo ocurrido a Mae y todos vivimos un momento espiritual de gran significado.

Por otra parte, Mae recibió un mensaje desde Colombia de una conocida que es marianista ferviente. Ella le manifestó que la Virgen le mandaba decir que guardara su fe, que Julián tenía una gran misión, y que su afección sería sanada; lo único que pedía era que fuera bautizado de inmediato. Esto fue impactante. Comenzamos a orar y a rezar el rosario. Este mensaje nos ayudó a tomar una difícil decisión.

En vista de que en la clínica no tenían un diagnóstico preciso, decidimos un alta voluntario y trasladamos a Julián a otra clínica, donde había especialistas que ya conocían todo su cuadro clínico. Lo trasladamos en ambulancia, bajo nuestra absoluta responsabilidad y fue ingresado a UCI. Ese mismo día, le tomaron las muestras y le hicieron todos los exámenes necesarios. Julián recibió el sacramento del bautismo mientras esperábamos los resultados. Al día siguiente, los exámenes salieron perfectos. ¡Julián era un niño sano! Hubo una remisión, que yo no llamaría espontánea, sino divina.

Patricio, Mae y Julián se fueron a su hogar. Yo sentía la imperiosa necesidad de estar siempre al lado de mi hija y de Julián. Por ello, diariamente, Gustavo, María Guadalupe y yo visitábamos a nuestro pequeño guerrero. Patricio trabajaba y Mae permanecía al cuidado y atención de Julián.

En junio, llegó a Lima mi primo Ibrahim, el hermano de Josmar y su familia. Él, su esposa Brenda y su hija Miranda se incorporaron rápidamente a nuestro entorno. Si bien ambos eran profesionales, comenzaron su vida acá, al igual que muchos migrantes, con la venta ambulante de bombas, un postre venezolano riquísimo. Eventualmente, compartíamos breves momentos, ya que cada uno andaba en la misión de echar «pa'lante» y surgir en tierras extranjeras.

Yo seguía desempleada y los ingresos en casa eran poquísimos. María Guadalupe prácticamente no almorzaba en casa porque Marita y Michael la llevaban a su casa a la salida del colegio; incluso, en muchas oportunidades, también le mandaban el almuerzo a Gustavo. En mi caso, era más el tiempo que estaba sin apetito; la comida era secundaria.

En esos días, recibí la llamada de mi amiga Sara, quien me comunicó sobre una vacante en un colegio, y me consiguió una entrevista. Era para el cargo de maestra de primaria y algunos cursos de secundaria. Me entrevistó el director y dueño del colegio, y me contrató. Fue la primera vez que yo firmé un contrato de trabajo en Perú. ¡No lo podía creer! Ese mismo día me entregaron el uniforme y, al siguiente, me incorporé a las aulas del colegio. La remuneración era el salario mínimo. El trabajo era superdemandante; tenía hora de ingreso, pero jamás de salida. Ya no me daba tiempo para hacer postres, ni comidas para vender. Me dedicaba únicamente al colegio; incluso, tenía que ir dos o tres sábados al mes, pero el trabajo me encantó. Ya antes había sido docente en Venezuela, a nivel universitario. Tratar con chicos era una experiencia nueva y fascinante. Dictaba todos los cursos de primaria, menos Matemática (nunca fui buena para los números), y en secundaria, cursos de Cívica, Arte e Historia. Aprendí muchísimo del Perú en ese trabajo. Mi labor abarcó todo el año escolar restante, hasta el mes de diciembre. Y fui contratada nuevamente el año siguiente.

Por esos días, recibí una llamada de la Flaca, nuestra nana, quien me contó que su ahora esposo, José, vendría a Lima en búsqueda de mejores oportunidades de vida. No podía darle menos a la Flaca que todo mi apoyo y recibir a su esposo. Ella es como mi hermana; siempre amó a mis hijos y los atendió a todo dar.

En el ínterin de la llegada de José, me pidieron la desocupación del departamento. La propietaria me dio el lapso de un mes. En ese momento, le debía un mes de alquiler y estaba corriendo el segundo.

A esas alturas, yo pensaba en irme del Perú. No hubo un año en que pudiera decir que la pasé bien, sin atrasos ni deudas. Salud había, pero en un hogar también es imprescindible una economía en equilibrio. Y esto era como correr una maratón y nunca ver la meta. Sentía la necesidad de dormir en paz; de saber que al día siguiente despertaría sin tantas dificultades. Quería y necesitaba ver la meta de llegada. Soy dependiente de pastillas para dormir y, aun así, no duermo. Bajo sus efectos, logro dormir unas tres horas; me despierto y se me vienen a la mente todas las cotidianidades por resolver.

Con ayuda de José nos mudamos a otro departamento, que conseguí a dos cuadras de donde vivíamos. Todos los muebles de la sala y el comedor, además de otros artefactos de cocina y accesorios de baños y habitaciones, quedaron en el anterior departamento; unos los dejé como pago de lo adeudado y otros los compró la propietaria. Con el dinero de esas ventas, alquilamos el nuevo departamento. José permaneció en casa unos meses, luego se abrió camino e independizó. Inicio su faena como vendedor ambulante de bombas. Mientras estuvo en casa, aportó para algunos gastos y para la comida. Para nosotros era un miembro de la familia.

En ese momento, mi actitud era de resignación. De alguna manera, esto me alarmaba, pues yo jamás me habría conformado con estas circunstancias de escasez y sobre todo de limitación. Cada vez que surgía una situación de aprieto, me mostraba indiferente, pues ya estaba acostumbrada a vivir precariamente.

Estaba molesta con la vida, esperando que algo sucediera y que, por fin, llegaran días de estabilidad económica, sin tantas vicisitudes reiteradas.

En octubre, Mae me comunicó que la relación con su pareja Patricio no iba bien y que había decidido separarse. Mae y Julián vinieron a vivir conmigo. Patricio siempre asumió con responsabilidad sus obligaciones de padre y ellos mantenían relaciones cordiales.

Ese mismo mes, recibimos la grata noticia de que, en noviembre, mis padres vendrían a Lima a pasar las fiestas con nosotros. Esa fue la noticia más maravillosa recibida por todos nosotros en los últimos años. A mi padre lo vimos dos veces: la primera, en diciembre del año en que llegamos y, luego al año siguiente, cuando ocurrió todo. A mi madre teníamos casi ocho años sin verla. Recibir esa noticia calmó mi espíritu; el dolor bajó su presión; y los aprietos vividos, y que aún vivía, entraron en recesión. No importaba lo que estaba viviendo, venían mis padres. ¡Esto era realmente FELICIDAD! Y dentro de todas las calamidades que estábamos sufriendo, al menos, me verían en un empleo.

Cuando llegó el gran día, todos fuimos al aeropuerto, incluido Patricio. Yo sentía mucha ansiedad y los latidos de mi corazón se aceleraron; era una alegría que tenía mucho tiempo sin sentir. En el momento en que pude visualizar a mis padres, mis piernas se congelaron y, repentinamente, respondieron y corrieron a toda velocidad. A mi lado venían mis hijos; María Guadalupe, prácticamente, no conocía a sus abuelos. Entre lágrimas de emoción y agradecimiento, todos entrelazamos nuestros brazos fraternalmente y nos quedamos prendidos unos a otros. Ello fue inmortalizado con fotografías y videos por mi primo Josmar, quien también nos acompañó con su novia. El desierto afectivo familiar duele en el alma; los miedos fluyen y la inseguridad se apodera de uno. El reencuentro es ese punto cardinal donde todos soñamos con llegar. Ese ha sido mi mejor reencuentro; me recargó de fuerzas, de amor y de esperanza. Tuvieron que pasar ocho años para que mi vida se reiniciara. Abuelos ven a sus nietos convertidos en hombres y mujeres; María Guadalupe, ya una adolescente, apenas recordaba a sus abuelos; bisabuelos conocen a su bisnieto (Julián); y unos padres, después de tanto tiempo, abrazan a su hija y a su descendencia. Llegaron a Lima para reafirmar, una vez más, que Dios me ama sin medida.

Cuando llegamos al departamento, la emoción era desbordante. Mi papá y yo nos servimos un whisky, y luego fueron dos o tres más, acompañados de mi madre, mis hijos y mi nieto. Aquella noche fue una velada divina. Cada día vivido con mis padres en ese viaje fue de júbilo y regocijo. Cada paseo, cada mesa compartida, cada copa y cada anécdota alimentaban mi vida, como si me estuviera siendo devuelta. Sin duda, ellos sentían lo mismo. Los ojos de mi madre y de mi padre reflejaban el amor más puro.

Desde que salí de Venezuela con mis hijos, mis padres se deterioraron emocionalmente. Me contaba mi madre que mi viejo se sentaba todas las noches a rezar su rosario, y que, de allí en adelante, le podían dar las dos o tres de la mañana, incluso lo sorprendía el amanecer, en una silla mecedora, solo, llorando por mi ausencia y la de sus nietos. Mi madre, dentro de su también desconsolado corazón, trataba de animarlo, y así sucedió año tras año. Las llamadas y videollamadas en todo ese tiempo fueron diarias. Mi padre no podía irse a la cama sin darme su bendición. Era una constante preguntarme si en casa había comida. En la mayoría de las llamadas, al momento de despedirnos, la voz de mi padre se quebraba. El lazo de mis padres con sus cuatro hijas siempre fue así. Es como si el cordón umbilical jamás se desprendiera de mi madre; además ella tenía un enlace perfecto con nuestro padre. Sin quitarle méritos a ella, ¡mi padre fue más madre que padre!

En el mes de noviembre, hicimos todas las comidas inimaginables. Mi refrigeradora estuvo repleta. Cada día, papi se ocupaba de reponer lo consumido y hasta más. Los paseos eran a diario; mi madre es más pasiva que mi padre, así que, varias veces, se quedó en casa con algunos de los nietos y el resto nos íbamos. Papi es inagotable, siempre está dispuesto, siempre quiere. Jamás dice no y menos a sus hijas. Gustavo le habló a su abuelo acerca de una chica, Micaela, a quien estaba pretendiendo. Mi hijo veía a su abuelo como a su padre y quiso enterarlo sobre su reciente relación; de hecho, se la presentó. Su abuelo le dio los consejos sabios de un padre y mi hijo quedó complacido.

Yo jamás puse en conocimiento total ni detallado a mis padres de lo que era mi vida en Lima. Tal vez se imaginaban algo o pensarían que, dentro de todo, jamás me faltaba la comida; mucho menos pasaron por sus mentes los maltratos físicos y psicológicos que viví. En esa visita, mi padre fue explorador y sigiloso. Abrió y revisó cada repostero de la cocina. Eso mismo hizo con los closets de sus nietos y con el mío. En esos casi dos meses él fue quien revisaba los recibos de luz y de agua. Indagó cada rincón de mi casa. Preguntaba si no venía alguna nana para ayudarme con los quehaceres o con la limpieza. Luego, conversaba con mami en privado. Él estaba recorriendo, mentalmente, ocho años de mi vida en su ausencia. Hubo cosas que no lo convencieron mucho, otras que no entendió, y algunas que le causaron mucha pena.

En medio de aquella conducta desesperada de padre investigador y protector, estaban sus nietos, su bisnieto y yo, que aplacábamos su angustia y lográbamos sonrisas únicas en su rostro y en el de mi madre.

María Guadalupe estaba finalizando el último grado de primaria. En Lima es tradición hacer una ceremonia en honor a la culminación en la que la alumna baila un vals con su padre. Mi padre llegó en el momento perfecto. Él y Gustavo asistieron con mi hija a su fiesta de promoción y bailaron con ella. Esa noche también fue una velada fantástica.

Las fiestas navideñas fueron celebradas familiarmente. Nosotros, Josmar e Inés, así como Ibrahim, Brenda, que lucía un embarazo, y Miranda. Amanda estaba en camino. En la mesa no faltó nada; mis padres se encargaron de que, tanto en Navidad como en Año Nuevo, hubiese de todo. Tal vez intuyeron que en años anteriores no lo hubo. Ellos estaban muy felices. Tragos, comida, postres y gaitas. ¡Olor a Venezuela y amor, puro amor! No podía faltar *Silverio Pérez,* la canción preferida de mi padre e insigne baile que siempre lo caracterizó. Como todo un caballero enamorado, invitó a mi madre y lo llevó a cabo. También me dio su mano y lo bailó conmigo. Esos son momentos atesorados en mi memoria. Él, siempre tan lleno de fuerzas, continuó la noche bailando tambores con mi prima Brenda. Esa ha sido la mejor velada de todo mi exilio. Gracias, Dios.

Capítulo 11

Año 2019

Iniciar el año en familia fue reconfortante. Las ganas estaban allí, latentes y presentes para lo que saliera. Con mis padres aquí, ¡todo era perfecto! Mi papá y yo conversábamos diariamente, nunca de lo antes vivido, siempre del presente y un futuro prometedor. Él hacía planes junto a mis hijos y a mí. Caminaba diariamente kilómetros; le encantaba ir a un mercado popular cercano a la casa, donde compraba todas las frutas habidas y por haber y siempre agregaba algo para mi madre, su reina consentida.

Todos los días, al despertar, pedía que le llevaran a Julián a su cama. Allí jugaban un buen rato. Le daba su desayuno y le preparaba sus mamaderas. Todo era consentimiento con su bisnieto. En las noches era fijo un whisky, acompañado de variedades de quesos y buenas tertulias. No faltó un café en Starbucks con su nieto Gustavo, o una cerveza Corona heladita. Hacíamos paseos frecuentes; adonde él quisiera ir, íbamos: Barranco, La Punta y Miraflores eran nuestros destinos turísticos.

Un día, sentado junto a mí, me dijo: «Hija mía, no me quiero ir, pero debo resolver asuntos allá para ayudarte. Regresaremos el próximo año y nos quedaremos aquí para acompañarlos. Tu mamá y yo viviremos en Lima nuestros últimos años, al lado de ustedes. Desde aquí, visitaremos a tus hermanas». Yo lo escuchaba en silencio. La seguridad absoluta de sus palabras era conmovedora. «Además, hija, tu hermana Ada está proyectando venir a Lima. Ellos están decidiendo su destino, y te garantizo que vendrán». Estas últimas palabras las dijo con la autoridad que lo caracterizaba. Le di un abrazo fuerte y le dije: «Aquí los espero a ellos y a ustedes». Él se quebró y lloró.

Faltaban solo días para que se marcharan. En esta cuenta regresiva, yo rogaba que el reloj se detuviera. Cuando me encontraba sola, me embargaba un llanto incontrolable y un miedo terrible. No quería quedarme en Lima; no quería separarme de ellos. Felizmente, en mi cumpleaños estarían conmigo.

Mi madre siempre participó de cada uno de los momentos compartidos. Sin embargo, a su manera y como madre, manejaba el dilema de tener que irse y no querer hacerlo. Muchas veces ella y mi padre conversaban en la intimidad de su habitación. Yo sabía que el tema principal de sus charlas eran mis hijos y yo. Esto golpeaba fuertemente mi pecho. Saber que, por mi responsabilidad, mis padres estaban en una preocupación permanente, es algo que aún me mantiene inmersa en la culpa.

Por esos días, recibíamos en casa a mi amiga Marita, quien nos visitaba para conversar un rato y también para compartir un cigarrillo con mi mamá y conmigo.

El día de mi cumpleaños, Mae me preparó la torta que eligió mi padre. Celebré un año más de vida, esta vez con los míos, con los que más amo. Ya para esa fecha, mis hijos y yo estábamos planeando una despedida, pero cada vez que a mi mente llegaba ese pensamiento del hasta luego, me sentía abrumada. En ocasiones me ausentaba y me metía al baño a llorar, imaginando el día de su partida. Quería decirles: «¡Quédense, por favor!», pero no lo hice. Sabía que tenían asuntos pendientes en Venezuela. Sin embargo, sería un hasta luego, y el próximo año los tendría nuevamente conmigo.

Un día antes de su retorno, mi padre fue al supermercado y me dejó equipada de todo; en la refrigeradora y los reposteros no faltaba nada. Esa noche nos sentamos a conversar hasta tarde y me dio instrucciones; él es así: autoritario y dirigente. También me hizo promesas de un padre que ama a sus hijas, y me exigió: «No me ocultes nada. Lo que necesites, házmelo saber». Luego, llamó a mi madre y le pidió que le trajera su billetera; sacó algunos dólares y me los entregó. Finalmente, nos tomamos un whisky y nos fuimos a descansar. Ya era tarde. Esa noche no dormí nada; estuve con una ansiedad hasta los huesos. Faltaban solo horas para despedirnos.

El 13 de enero, viajaron a Venezuela. Las semanas siguientes fueron de una inmensa nostalgia.

El 18 de enero me contactó Trini, una prima de mi amiga Belkys, que estaba en Lima desde hacía meses. Quería saber si le podía alquilar una habitación. Le dije que sí; como Mae no estaba trabajando, sería de gran ayuda. Se instaló unos días después y pasó a formar parte de nuestra historia. Trini y yo somos contemporáneas. Ella es pintoresca, y de un carisma y una elocuencia única, lo cual hizo que, a pesar de los momentos difíciles, en casa siempre hubiera humor. Trini llegó a casa justo en el momento en que se fueron mis padres, y se convirtió en nuestra familia afectiva.

La vida continuaba su cauce, y seguíamos en verano. María Guadalupe y yo íbamos a la playa al menos dos o tres veces por semana. Michael y Marita son tan playeros como nosotras, así que el verano fue mejor de lo que imaginé. Ellos nos «adoptaron» (dicho por ellos) y fuimos a la playa todos los fines de semana.

María Guadalupe pasó a ser mi eje central en todo. Mae y Gustavo eran adultos y más independientes. Para mí, lo más importante era que el tiempo de mi pequeña hija fuera divertido y relajado, ya que, para este entonces, estaban volviendo en ella los episodios de ansiedad y miedo, y esto me mantenía en alerta y preocupada. Cuando retornaba a clases, todo era más ligero, pues en su colegio pasaba el máximo tiempo del día. Y sus asignaciones escolares le demandaban mucha atención.

El año escolar estaba próximo a iniciar. Mi cuñado Kaduo nos brindó un gran apoyo, pues se hizo cargo de todos los gastos de María Guadalupe. Yo también volví al trabajo por segundo año consecutivo. Mi trabajo me fascinaba y me distraía bastante de todas mis preocupaciones.

Debido a la atención y cuidados que requería Julián, Mae no podía emplearse. Solo contábamos con mi salario y la renta de la habitación. Ni juntando estos dos ingresos se cubría el alquiler del departamento. En tanto, Gustavo seguía sin poder poner al día sus papeles, por lo que solo encontraba trabajos informales, de paga muy baja. Eran constantes las dificultades en casa. Por ello, agradezco muchísimo todas las veces que María Guadalupe fue asistida por mis amistades.

Mi trabajo cada vez me demandaba más tiempo, ya que mi jefe me dijo que, además de docente, tenía que desempeñar el cargo de coordinadora del nivel de secundaria, pero con el mismo salario. Yo lo acepté. Fueron días interminables, y todos los sábados tenía que asistir a cualquier trabajo extra del colegio. El tiempo no me daba para generar más ingresos, pero si renunciaba me quedaría sin salario, y eso sería fatal. De acuerdo a mi experiencia de los años anteriores, emplearme no era factible. Además, eran tiempos muy difíciles, pues el éxodo venezolano era masivo y las oportunidades de trabajo, cada vez menores.

Entre junio y julio se me acumularon dos meses de renta. En ocasiones, tenía que pedir en el trabajo algún adelanto para comprar alimentos, y cuando llegaba el momento de cobrar, el salario estaba casi gastado. Así también sucedía con la luz y los servicios. En el departamento, una vez más, estuve dos meses sin luz. Recibí ayuda de un tío de mis hijos, Raúl Oregel, que vivía en México y, al saber que el pago de la renta estaba atrasado, de inmediato me giró dinero para ello.

En ese año escolar, mi hija pasó a formar parte del elenco de danza «Sangre Guerrera» de su colegio. Allí conocí a las mamás de otras niñas que también bailaban; algunas eran del mismo salón de María Guadalupe. Una de estas mamitas es María, una mujer de fe, con un admirable espíritu fortalecido en Dios, y una empatía extraordinaria. Se hizo mi gran amiga.

El año 2019 presentó serias dificultades. No íbamos ni por la mitad de año, y ya mi estado depresivo estaba en nivel de alerta. Mi trabajo, mi familia, amistades, iglesia, colegios, sacerdotes... Todo, absolutamente todo, ha sido de gran servicio; sin esto no hubiese podido superar cada momento difícil y duro. A pesar de ello, el problema nunca estaba resuelto; de hecho, no está resuelto aún.

La vida que me quede no alcanzará para que yo dé las suficientes manifestaciones de agradecimiento a todas aquellas personas e instituciones que me sacaron de grandes tribulaciones. Cuando yo falte, quiero que cada uno de ustedes sepa que la vida de mis hijos y la mía estuvieron a salvo por cada aporte recibido. Esto me llena de mucho sentimiento y, sobre todo, me ha enseñado a darle la mano a quien lo necesite. Cada vez que veo necesidad en el prójimo, he querido tener, al menos, la mitad de lo que he recibido para darles a ellos. Lamentablemente, hasta ahora no he podido; la única ayuda que he podido brindar ha sido la oración. Oro y elevo una plegaria a Dios por cada uno de ustedes, y por cada persona que se me cruza con algún tipo de necesidad.

Si hay algo que extraño de mi vida anterior, son las oportunidades de trabajo y la capacidad económica que me generaban. Tal vez suene duro, pero es así y lo extraño. No para tener vanidades, lujos o excesos. ¡NO! Mis hijos y yo hemos sido convertidos y, en este momento de nuestras vidas, apreciamos cada pan que nos podemos llevar a la boca. Sabemos que podemos vivir con un jean y un par de zapatos por un año. Sabemos que sin salir de paseo y darse gustos también se puede vivir. Sabemos que Dios, la familia y las personas que nos aman y amamos es lo que da vida, y que el mayor soporte para aguantar una catástrofe es la oración.

Extraño mi capacidad económica solamente para ayudar a quien lo necesite. No resisto saber que un ser humano podría estar pasando por lo que nosotros pasamos. No le pido a Dios lo que tenía; le pido, imploro y suplico, de rodillas, salud para mis hijos y para mí, de modo que, con algunos años más de vida, pueda sentirme útil para sacar del dolor a cualquier persona que piense que todo está perdido.

Desde inicios del 2012, no he logrado dormir ni un solo día en paz; mi sueño es interrumpido por preocupaciones. En ningún capítulo lo he mencionado, pero durante casi seis meses tuve pesadillas espantosas todas las noches, acompañadas de sudoración y de llanto. Un sacerdote tuvo que intervenir, porque me daba terror quedarme dormida. Hasta hoy tengo que dormir con somníferos. Al causante de esto espero que Dios lo perdone, pero las consecuencias me han acabado y quitado la paz y tranquilidad; padezco de una ansiedad irremediable que se ha llevado gran parte de mis años. Me siento agotada física y mentalmente.

El hecho de pasar de nuevo por un atraso en la renta y otro corte de luz, y haber hecho lo necesario por salir adelante, me llevaron a un estado de ánimo crítico, que terminó en una desmotivación absoluta en todos los contextos.

María Guadalupe y Julián me dieron los únicos momentos alegres; ellos dos. Mae y Gustavo también formaban parte de mi escasa alegría, pero ya estaban grandes y tenían, en parte, su vida hecha.

Mi amiga María, la mujer de empatía extraordinaria, me dio su hombro para recargarme en ella en los momentos duros de ese año. De una manera desinteresada, comenzó a ser parte de mi hogar y a conocer cada vicisitud que yo enfrentaba.

Mi trabajo me gustaba mucho, pero al ver que en casa todo seguía igual, hasta las ganas de ir a trabajar se me quitaban. Eso sí, jamás falté al trabajo. Daba clases y cumplía mis deberes con una depresión inmensa, que muchas veces me llevó a secar mis lágrimas delante de mis alumnos; esto me daba cólera. Salía del trabajo y lloraba en el trayecto a casa; era un estado de ánimo que, admito, no podía controlar. Desde meses atrás, Sara venía ayudándome con terapias, pero no daban resultados. ¡Cualquier cosa contraria a las ganas siempre me ganaba! Aunque mi mente siempre estaba pensando y planificando formas de resurgir, de salir adelante, todo resultaba en sentido contrario.

Con el Perú estoy agradecida infinitamente. Me recibió, me acogió, me dio residencia, mis hijos crecieron aquí y tengo un nieto peruano. El Perú está repleto de gente buena y de una fe admirable. Razonablemente, podría decir que con todo ello me debería haber levantado, pero no ha sido así: todos los años enfrento la misma batalla.

Solo el alquiler de un departamento en Lima cuesta entre 400 y 500 dólares americanos; la luz, 60 dólares; y el agua y mantenimiento, 70 dólares. En tanto, el salario mínimo es de casi 300 dólares. ¿Cómo lograrlo? Ninguna empresa apostó por mí; de esas cuyo salario se ajustaba a la realidad socio-económica del Perú, refiriéndome a una clase media baja. Tampoco he podido estudiar para revalidar mi título.

Siento que un estado permanente de inestabilidad psico-socio-económica absoluta se ha ido desencadenando en mí. Aun así, no me queda de otra que continuar y avanzar; siempre dispuesta a emprender. Aunque la situación, a veces, me corte las alas y tenga que intentarlo cien veces, yo continúo tratando de independizarme y de superar todo lo ocurrido, con la fe que siembra la esperanza de que algún día todo cambie y pueda, por fin, vivir sin depresión, sin dolor, sin miedos. Estoy en una lucha constante por verme en el espejo como el ave fénix.

Todo el año 2019 trabajé en el colegio y enfrenté atrasos, deudas y carencias. Cada día me inventaba algo para aumentar los ingresos e ir solventando cada asunto pendiente. Comencé a vender maquillaje y accesorios de dama; con ello, ingresaba algo extra. Cuando podía, también preparaba comida los fines de semana, y así me iba ayudando diariamente. Estar en esta situación es mortal para cualquier ser humano. Las emociones se descontrolan totalmente y llevan a un estado depresivo agudo.

Una gran alegría sentí cuando mi padre me confirmó que mi hermana Ada y su familia, finalmente, tenían como destino el Perú. Una vez más, una luz de amor en la oscuridad. Esto nos alegró la vida en casa. Mi hermana me llamó y, efectivamente, me confirmó que ya estaba todo previsto. Estarían en Bogotá resolviendo la visa de ingreso al Perú, ya que en Venezuela estos trámites demoran casi un año. La estadía en Bogotá tardó cerca de tres meses. Para el 29 de septiembre, por fin llegaron a Lima.

Fuimos todos al aeropuerto a recibirlos. Habían pasado casi nueve años sin verlos, y a mi sobrina Paula no la conocíamos. Ese momento fue de total dicha. Una de mis hermanas, a quienes necesité con desespero en momentos difíciles, estaba por llegar. No había forma de pensar; mi mente estaba bloqueada, congelada; solo a la espera de verla salir y juntarla contra mi pecho, además de abrazar a mi cuñado, conocer a Paula y ver a Alejandro, mi sobrino, que por cierto es un campeón de campeones en tenis. ¡Esto era demasiado! La sensación de amor era infinita. El sentir era mutuo, los sentimientos estaban en el roce de la piel y en los abrazos.

Pasamos tres noches juntos. Definitivamente, la presencia de mi familia era lo que mejor me hacía; un bálsamo en todos los sentidos. Esas noches con mi hermana fueron lo máximo. Contarnos nuestras vidas transcurridas en casi nueve años. Yo, siempre cautelosa y evitando contarle en detalle los sucesos ocurridos, fui más oído que voz. A los pocos días se instalaron, como lo tenían previsto, en el distrito de Surco.

Yo seguía en mi trabajo, dando todo mi tiempo. En los fines de semana, compartíamos con mi hermana, en mi casa o en la suya; dábamos algún paseo o íbamos a algún campeonato de tenis, ya que mi sobrino, ni bien llegó, se incorporó a una academia. La rutina en casa cambió un poco. Todo fue más familiar, y Julián, siempre el centro de atracción. La tía abuela estaba chocha, al igual que yo con mis dos sobrinos, los hijos de Ada.

Debido a la conexión que tenemos, mi hermana fue notando algunas circunstancias mías que eran evidentes y le preocuparon. Comenzó a ayudarme con aportes que yo destinaba para la comida, de modo que mi salario y el dinero que recibía por la habitación que rentaba alcanzaba un poco más para los pagos del departamento y servicios. La solidaridad recibida de mi cuñado David y mi hermana Ada hicieron que ese año fuera menos duro y su compañía me ayudó bastante anímicamente.

Cada vez que hablaba con mis padres, yo percibía en ellos algo de paz. Se sentían más tranquilos al saber que Ada estaba con nosotros. Ellos eran conscientes de a quiénes han criado y el legado de amor que nos han dado. Saber que ya eran dos hermanas las que estaban juntas, les daba tranquilidad.

Al culminar el año escolar, mi jefe me comunicó que seguiría en el colegio el próximo año.

Para Navidad, organizamos una cena familiar en mi casa. Vinieron mi hermana y su familia, así como mi primo Ibrahim y su familia. Para entonces, había nacido una peruanita en la familia: Amanda, hija de Ibrahim y Brenda, y hermana de Miranda. También nos acompañaron Trini y su hijo. Fue una reunión agradable para toda mi tribu y para mí. De igual forma, festejamos el Año Nuevo con la compañía de nuestros vecinos de piso Ana y José Luis, y su tropa familiar, que también son venezolanos. La pasamos genial. María Guadalupe emanaba felicidad y Julián ni se diga. Ver el escenario con familia y amigos era sentirme una vez más bendecida por Dios.

Capítulo 12

Año 2020

A pesar de haber cerrado el año 2019 con las acostumbradas difíciles circunstancias, me sentí agradecida de contar con la presencia de mi hermana, cuñado y sobrinos. Ellos hicieron más ligera mi carga económica y emocional.

Percibí que este nuevo año sería bueno y que vendría con cambios significativos. Yo sentía que este sería diferente. Tenía una intuición; tal vez, saber que mi hermana estaba aquí, era suficiente para visualizar mejor la vida.

Como era costumbre en María Guadalupe y en mí, iniciamos el nuevo año con playa, a la que fuimos unas dos o tres veces en enero. Mi hija disfruta mucho del mar, y yo, del sol. Las aguas de aquí son heladas.

Además, después de tantos años, pude compartir mi cumpleaños con mi hermana, cuñado y sobrinos. Fue una celebración muy íntima, entre ellos y nosotros. Tener a los primos juntos, ya era bastante para mí.

María Guadalupe tuvo unas vacaciones muy reducidas, pues venia de tener un año escolar, como siempre, muy bueno. Además, formó parte del elenco de danzas del colegio, Sangre Guerrera, con el que tenía frecuentes ensayos. Durante el verano, los ensayos continuaron con motivo del Festival Mundial de Marinera, baile típico de la costa, celebrado anualmente en Trujillo, ciudad del Perú. Mi hija y yo somos fieles compañeras, y toda la maratón de ensayos también fue mi experiencia. En febrero se celebra este tradicional evento, así que viajamos a Trujillo. Fue maravilloso. Al culminar el evento la presión nos bajó un poco. Nos quedaron solo pocos días para disfrutar de las vacaciones, ya que el año escolar estaba por comenzar. Mi cuñado Kaduo asumió parte de los gastos escolares de mi hija.

Para febrero, las noticias informaban sobre la COVID-19. En principio, todo estaba ocurriendo en China, así que nosotros ni remotamente asumimos que este virus se iba a expandir y se convertiría en una pandemia.

En marzo, comenzaron las clases, pero María Guadalupe solo acudió dos días, porque anunciaron, oficialmente, que el virus había llegado al Perú. Al igual que en el resto del mundo, dictaron medidas sanitarias y se declaró un estado de emergencia. A partir de ese momento, María Guadalupe inició sus clases con el sistema virtual. Mi contrato de trabajo en el colegio no fue renovado, ya que debido a la pandemia hubo reducción de personal. Lo que yo presentía de bueno para este nuevo año, ya empezaba a tomar el mismo rumbo de siempre; incluso peor con pandemia.

La pérdida del trabajo me provocó la angustia y la taquicardia que siempre terminaban desencadenando en una ansiedad incontrolable. Lo que menos quería era que mi hermana me viera sin un trabajo estable.

Por voluntad propia, permanecí sola durante años. No hubo tiempo para mi vida personal, aunque tampoco lo quería. Sentía rechazo hacia todos los hombres que podían pretenderme. Aquel suceso del 2012 me dejó partida en dos, sin ganas de amar a ningún hombre. Carlos llegó en un momento de incertidumbre y, definitivamente, tuvo un propósito en mi vida: reanimarme a seguir, por duro que fuera el camino.

Mi única necesidad era estar sola con mis hijos. Además, tampoco había tiempo para nada que no fuera mi hogar; las circunstancias no estaban dadas. El tiempo siempre fue para buscar las maneras de sobrevivir. Mi determinación hasta entonces era irreversible. No le daba oportunidad a nadie. Sin embargo, no fui severa en la determinación que había tomado años atrás con respecto a los hombres. También hubo influencia de mi amiga Sara, mi terapeuta, quien insistentemente me empujaba a darme otra oportunidad como mujer. Todo se dio para que yo, después de tanto tiempo, diera un sí.

Llegó de pronto a mi vida una persona. A las dos horas de haberlo conocido, supe que me estaba convirtiendo en orfebre de eslabones que me encadenarían a él; no sabía por cuánto tiempo, esperaba que por mucho. Sí, en dos horas se quedó incrustado en mis ojos; en las tres horas siguientes logró mover cada fibra de mi ser. Mientras me dé su luz, seguiré caminando junto a él. Definitivamente, el amor es una fuerza mágica y poderosa, capaz de sanar heridas, aliviar dolores y domar cualquier carácter. Siempre lo supe. En momentos de reflexión y de recuerdos, me preguntaba: «Si antes le hubiese permitido el acceso a alguien, ¿hubiese sentido amor?». Tal vez sí, pero cómo saberlo, si jamás lo intenté. Lo cierto es que en ese momento ocurrió y no me opuse. Me permití sentir y dejé que todo fluyera. Él vino a liberar al amor oprimido, y aunque no llegó en circunstancias ideales, me hizo muy bien.

En casa, a pesar de la pandemia y de estar sin trabajo, las cosas iban al día, ya que, Mae, Gustavo y yo juntábamos lo poco de cada uno y, como podíamos, pagábamos la renta y la comida. Aunque los servicios estaban siempre atrasados, las cosas no resultaron tan mal. La fe, aunque era del tamaño de un grano de mostaza, daba sus resultados.

En abril todo parecía ir bien. Como era costumbre, había llamadas diarias entre padres e hijas. Sin embargo, un día recibí una llamada nada cotidiana: me informaron que mi madre estaba muy delicada de salud. Presentó unos dolores abdominales y fue llevada a emergencias, donde le diagnosticaron diverticulitis, era un cuadro bastante delicado y de pronóstico reservado. Al recibir esa noticia, perdí todas las fuerzas de mi cuerpo y quise estar sola. Sentí mucho miedo y desesperación. Como el condominio se ubica frente al mar, bajé a la playa para correr; también llorar y gritar. Pensé en todo lo peor; en mi mente no había ni un pensamiento positivo; todo era trágico. Al ser consciente de mi realidad, la desesperación me abrumó más, pues no podía viajar para estar con ella; incluso, de poder hacerlo, hubiera sido todo un trámite, ya que, por ser refugiada, solo podía entrar a Venezuela ante una emergencia familiar. Además, tomaría mucho tiempo sacar mi documento especial de viaje. Todo esto me agobiaba.

En la playa entré en pánico y comencé a hacerle preguntas a Dios. «¡¿Hasta cuándo?!», le gritaba. Era en serio, pues ya no tenía fuerzas para seguir batallando. «¡Basta, Dios!», le decía. Tenía demasiado sentimiento en mi pecho y me sentía ahogada. Llegó mi hijo y me dio el alcance en la playa; me abrazó muy fuerte y me brindó las palabras de consuelo más lindas que un hijo puede dar. Nos sentamos un rato, comencé a respirar más tranquila y subimos. Ya en el departamento, llamé a mi padre, que solo me dijo que estaba muy mal. La desesperación fue muy grande y presentí lo peor. Me sentía atada de manos y no podía dar ni un paso que me acercara a mi madre.

Mi madre fue hospitalizada y comenzaron los exámenes de rigor. Mi padre, en medio de su angustia, no nos dio ni un poco de aliento a sus hijas. Él estaba en shock y nos angustiamos más.

Finalmente, mi madre comenzó a responder poco a poco. Fue un tratamiento fuerte y largo, al que reaccionó bien y sanó. Ella se recuperó por completo. Al ver esto, mi padre también mejoró su ánimo.

Durante la pandemia, retomé la venta de comida. Siempre lo había hecho, pero esta vez pude llamarla emprendimiento, ya que fue iniciada con otra perspectiva. Preparaba solamente tres platos, pero luego incorporé un cuarto, con toque venezolano. Dio resultados: casi todo lo vendía en el condominio, siendo las mejores ventas los fines de semana.

Mae también inició un emprendimiento de postres. Tiene unas manos benditas: ¡es su don! Juntas, y con la renta de la habitación, nos alcanzaba, al menos, para el pago de la renta. Esta pandemia ha hecho que Mae y yo unamos nuestras fuerzas aún más. Siempre buscamos el modo de estar solventes, algunas veces lo logramos y otras, no. Además, mi cuñado David invitó a mi hijo a trabajar con él, dándole las facilidades por excepción, al no tener sus papeles al día.

La cadena de restaurantes que tuve en Venezuela era de gastronomía mexicana. De modo que, sin dudarlo, me dediqué a vender platos mexicanos. En realidad, fue una fusión, tratando de agradar el paladar peruano. El peruano es muy nacionalista, incluso en sus comidas; tienen una gastronomía exquisita, variada y muy bien fusionada. Así que empecé a vender burritos, enchiladas y enrollados, y como no podía faltar el toque venezolano, decidí incluir los deliciosos tequeños de mi tierra. Todo era preparado en casa, con la ayuda de Trini en la cocina y el reparto. La pandemia, dentro de todo, me dio la oportunidad de tener buenas ventas, ya que la mayoría de las familias estaban resguardadas en casa, al no poder salir. Esto hizo que mis ventas sean constantes.

En abril, celebramos el cumpleaños de mis dos hijas. Debido a la pandemia, ese año fue diferente. Sin embargo, se me ocurrió darle una gran sorpresa a mi pequeña María Guadalupe: le solicité a toda la familia, incluidos sus tíos abuelos, que se graben en un breve video, deseándole un feliz cumpleaños; lo mismo hice con sus amistades y compañeros de clases, con su nana, padrinos y vecinos de Venezuela. Cuando tuve todos los videos, su tío David, el esposo de mi hermana Ada, hizo el trabajo final de editar los más de sesenta videos de cariño y afecto. Ese día, la desperté con este gran regalo, que no solamente a ella, sino a todos nos sacó lágrimas. También le hicimos una torta.

En Venezuela, mis padres siempre estuvieron atentos a la pandemia, al igual que nosotras. Cada hija les daba las indicaciones de obediencia al aislamiento y los protocolos. Aunque en realidad, no había mayor riesgo, pues vivían aislados en la hacienda «Las Marías Marianas».

En mayo, Mae hizo postres alusivos al Día de la Madre. Fue un día muy bueno en ventas. Además, siguiendo la tradición, a través de videollamadas festejamos a las madres de la familia, y nos entrelazamos fraternalmente; en especial, con nuestra reina madre. Mis padres derrochaban felicidad de saber que Ada y yo estábamos juntas. Aunque la pandemia no nos permitió juntarnos, esto no fue motivo de tristeza. Nos sentíamos tan cerca que eso era suficiente.

Para junio, en ocasión del Día del Padre, también esperábamos buenas ventas. Y nosotras, hijas de un gran padre, celebraríamos a la distancia su día. Pero la mañana del sábado 20 de junio, alrededor de las nueve y treinta, recibí una llamada con palabras entrecortadas y llanto: «Hermana, papá ha sufrido un accidente». En medio de la sensación más espantosa que haya experimentado en toda mi vida, y haciendo un esfuerzo por pronunciar bien, pregunté: «¿Qué... cómo... dónde?». Mi hermana solo lloraba. Yo sentí, literalmente, que me tomaban por el cuello, me subían hasta el techo y luego me soltaban al vacío más profundo que pudiera haber. Esa sensación no se comparaba con ningún duelo vivido, ni con ningún dolor de los que pude haber sentido en mi proceso inicial. No quise escuchar la respuesta de mi hermana; lancé el teléfono y grité. Mis hijos corrieron hacia mí. De inmediato, reaccioné y, desesperada, volví a tomar mi teléfono: me habían llegado unas fotos de mi padre, donde estaba siendo rescatado por los bomberos. ¡Estaba vivo! No obstante, aquellas imágenes eran desgarradoras. Dentro de un presentimiento fatal, guardaba algo de fe y comencé a orar. Mis hijos estaban aturdidos. Gustavo corrió al baño y se encerró; se escuchaba su llanto y que daba golpes a la pared. Mae y María Guadalupe solo lloraban, estaban sentadas juntas en una cama.

Mi padre fue trasladado a la clínica más cercana, a cuarenta y cinco minutos de trayecto. Aproximadamente a las once de la mañana recibí otra llamada. Con gritos desgarradores, mi hermana Ada exclamó: «¡Papá murió, no resistió la caída!» Al escuchar esto, salí corriendo de mi habitación, pero el espacio del departamento no era suficiente para lo que yo quería correr, tropezaba con todo, hasta que caí y perdí el conocimiento. Cuando lo recuperé, estaba rodeada de mis hijos, Trini y mis vecinos venezolanos. Todo era borroso; mi vista estaba nublada. Me dieron una pastilla, que no hizo efecto. El mundo se me vino abajo por completo. Nunca más volvería a ver al hombre más amado y respetado por mí. Tampoco lo abrazaría, ni habría más llamadas diarias de amor y de afecto. No había consuelo de ningún tipo. ¿Cómo podría vivir un día más sabiendo que mi padre ya no estaba? Y además que ni siquiera pude estar con él en ese momento para darle auxilio, un beso, un abrazo, un te amo. Tampoco podía estar con mi madre. Me quemaba por dentro.

En ese momento vino a mi mente, con repulsión, la imagen de Rodolfo Antonio Barráez Sánchez y con ello una culpa avasallante que, una vez más, me sentenciaba. Veía los rostros de mis hijos, desencajados totalmente. Gustavo entró en una crisis de cólera incontrolable; daba gritos y golpes desmedidos. María Guadalupe lloraba con un sentimiento de dolor profundo. Mae, en medio de su pena, era la más centrada y la que trataba de calmar a todos.

A raíz de la muerte de mi padre, María Guadalupe presentó un bajón emocional gigante y cayó en depresión y ansiedad, lo cual me inquietaba. Ella tampoco podía dormir en las noches y, cuando su sueño se veía interrumpido, me buscaba desesperadamente. Tuve que buscarle atención psicológica y fue derivada a un psiquiatra. Gustavo, ante la pérdida de su abuelo, se resintió aún más con la vida. De mis hijos, Mae es la de mayor entereza y equilibrio emocional. Ciertamente, ella es admirable.

Mi mente recorrió los diferentes pasajes de lo que había sido mi vida desde que aterricé en Lima con mis tres hijos. En mi recorrido mental, los instantes de felicidad eran rayos muy eventuales; no había ni un ápice de estabilidad emocional. No conforme con esto, ahora recibía una estocada mortal. ¡No entendía! Si realmente había un Dios amoroso y perdonador, ¿dónde estaba? ¿Por qué permitía cosas tan injustas? ¿Por qué me sometió, durante tantos años, a pruebas tan dolorosas? ¿Qué cosa tan grave había hecho para merecer el infierno en la tierra? Mi fe estaba en serios problemas. O Dios me explicaba las cosas, o esto acabaría mal.

Perder todo como lo perdí, incluyendo a mi familia, arrebatada por la distancia y mi error, era un precio bastante alto. Las dosis de oscuridad, hambre, sed y calle elevaban ese precio todavía más. A pesar de todo esto, salí adelante sin soltar el rosario ni abandonar mi oración.

El dolor fue inconmensurable. Hubo pesadillas, taquicardia, temblores en todo mi cuerpo y volvió la anhedonia. No quería que llegara la noche: saber que al despertar no podría hablar con mi padre me provocaba una pena irremediable y mucha rabia. El perdón que había otorgado a aquel hombre desalmado, se rebeló de una manera absoluta.

Cuando imaginé a mi madre sin mi padre, todo fue peor. Mi madre era su reina. Mis hermanas estaban destrozadas y todas vivíamos separadas en diferentes países del mundo, junto con los nietos de aquel gran padre y abuelo. Mi hermana Nayrobi y mi cuñado Kaduo, por bendición de Dios, estaban en Venezuela cuando ocurrió el accidente. Ellos se ocuparon de todo y también de mi madre. Al día siguiente, el domingo 21, Día del Padre, no hubo nada que celebrar; mi padre había sido sepultado el día anterior.

Los días pasaron y yo seguía sin entender nada. Una y otra vez, venían a mi mente los motivos que me trajeron a Lima. La culpa de no haber estado con mi padre ese día era inquisitiva. Persistía el sentimiento detestable contra aquel hombre que me había traído hasta Lima y me había causado tanto daño.

Luego de algunos días de duelo, entendí que siempre creí a mi padre inmortal, y aunque en estos largos años perdí familiares y seres amados, este dolor era incomparable. Sí, jamás pasó por mi mente que podía morir.

Mi gran amiga y terapeuta Sara inició un trabajo conmigo de reanimación, para recuperar no solamente la fe, también las ganas de todo. Estaba devastada. Habiendo pensado todo lo que pensé, no abandoné mi fe. Aunque estuviera molesta y dolida, tenía que rezar y orar; este era el único modo en que yo podía acercarme a mi padre. Eso lo tenía clarísimo.

Cada día que pasaba, el dolor era más fuerte. En varias ocasiones, tomé el teléfono para hacer la llamada de costumbre; luego reaccionaba y me decía a mí misma: «¿A quién llamas?». Mi padre estaba muerto, y otra vez trataba de entenderlo. Entonces, comencé a sentir un temor desmedido por la muerte. Si antes había considerado el hecho de quitarme la vida, ahora era al revés: tenía miedo. Ahora lo entiendo, y como mujer cristiana estoy convencida de que nada nos está prometido en esta vida. Las promesas de Dios son en la vida eterna, que comienza con la muerte.

Mi temor se basaba en perder a mi madre teniéndola lejos, o a alguno de los míos. Una vez más, me llené de pánico. Que yo muera y que mis hijos quedaran en el aire, sobre todo María Guadalupe (los otros eran más grandes y podían valerse por sí mismos), era un pensamiento que me generaba una ansiedad inmensa. Hubo noches en las que no quería ni tomar la pastilla para dormir, ni meterme en la cama. Pensaba que dormida me podía morir. Una sudoración me envolvía de la cabeza a los pies. Comenzó la balanza otra vez a marcar un descenso en mi peso y mis ganas de todo se apagaban. Si yo moría, no tenía nada que dejarle a mi hija para asegurar, al menos, sus estudios para que se formara en alguna profesión u oficio. Todos esos pensamientos demoledores acompañaron la pérdida de mi padre, además del dolor de saber que mi madre estaba sin su compañero.

Por muchos años no sentí la necesidad de tener un compañero. Él estaba, pero en estas circunstancias adversas y a causa de la pandemia, no había un contacto ni efectivo ni tan afectivo.

Durante esos meses, a pesar de nuestro contacto, no estábamos compartiendo, porque las medidas eran muy rigurosas. Sentía un desierto que demandaba a gritos verme acompañada como mujer y recibir el consuelo, el abrazo y la solidaridad de él.

Los meses siguientes fueron de muchas añoranzas. Todos en casa estábamos abatidos; cada uno manejaba su duelo internamente. Aun en medio de esas tristes circunstancias, tenía que continuar adelante; de no hacerlo, la economía de mi casa, otra vez, se vendría al suelo. Sacando fuerzas de donde no tenía, arranqué de nuevo con las ventas de comida y Mae con sus postres. Esos meses fueron emocionalmente duros. La imagen, la presencia y el olor de mi padre estaban constantemente en mi corazón y en mi alma. Me sacudían de vez en cuando y otra vez volvía a la realidad.

Gustavo se apoyó mucho en Micaela, la enamorada que le presentó a su abuelo, quien ya era su novia formal. Ella lo ayudó muchísimo en su duelo.

Cada mes conmemoramos la muerte de mi padre, y el 17 de agosto también conmemoramos su cumpleaños y aniversario de bodas.

La rebeldía de mi perdón hacia aquel hombre, se fue disipando. La voluntad de perdonarlo retomó su lugar.

En estas circunstancias de tanto dolor, tomé la decisión de que este libro vea la luz. Mi padre murió sin verme brillar de nuevo; partió con una pena profunda por lo que fueron mis años en Lima. Y aunque murió sin conocer detalles, fue suficiente la separación familiar y conocer mi inestable situación económica para que yo fuera su cruz de preocupación. De modo que me levanté, me sacudí el miedo de hacerlo, y saqué cada fragmento escrito año tras año, desde el día en que logré escaparme. Desempolvé cada línea y comencé a darle forma a este capítulo titulado «Año 2020», con el sentimiento más grande de amor y de compromiso hacia mi padre.

Papá, sé que desde allá arriba estás leyendo este libro; mi historia. Perdón por ocultarte tantos detalles; perdón por equivocarme en el amor; perdón por arrastrar a mis hijos a este desastre de vida; perdóname por hacerte sufrir como padre, al verme pasar momentos económicos de tanta dificultad. Hoy decido publicar este manuscrito para terminar mi sanación, y liberarme de esta carga tan pesada que por tantos años he ocultado. Necesito perdonarme a mí misma. Desde allá arriba, quiero que me veas brillar y no por el arte que, para muchos, representa escribir, ¡no!; sino por el valor de desnudar mi alma, cuya única intención es recuperar el respeto y la confianza de los míos, además de sentir mi alta emocional y mi propio perdón. Desde aquí puedo sentir tu aplauso. Te amo, papá.

Para los meses de julio y agosto, la cuarentena se puso más flexible, y algunos sectores se reactivaron con medidas de protocolo y distanciamiento social. Las personas comenzaron a salir más, y las ventas descendieron un poco, tanto en los postres como en la comida. Nosotros tratábamos de llevar el día a día sin que faltara nada en casa, aunque la situación se estaba haciendo difícil.

Luego de tantos días de encierro y aislamiento, Katy me llamó y me invitó a reunirnos en su casa. Fue una reunión muy íntima, con poquísimas personas; la mayoría de los presentes eran miembros de Pueblo de Dios. En un momento, bajé a la tienda con Katy. Cruzando la avenida, ya de regreso de la tienda, me topé con mi exjefa, aquella mujer que apostó por mí y con la que quedé en malos términos. Sin vacilar, me le acerqué y la abracé; ella accedió a mi abrazo y cuando la tuve cerca, le dije al oído: «Perdóname si me equivoqué; también yo te perdono». Ella me miró y vi en su rostro bondad y cariño. Me sentí perdonada. Mi perdón hacia ella había sido otorgado años atrás. Sin embargo, Dios hizo que se materializara, al menos, para que yo sintiera paz. Intercambiamos brevemente palabras sobre nuestros hijos y nos despedimos.

Gustavo informó a la familia que había decidido casarse. Esa noticia fue acogida con mucha alegría, aunque también los sentimientos encontrados sobrevinieron, pues mi hijo soñaba con la presencia de su abuelo en su boda. Gustavo estaba convertido en adulto; comenzaba a tomar el control de su vida personal y a proyectarse. Siempre diciéndome: «¡Maaaaa, saldremos adelante!».

Micaela es una chica contemporánea con él, tal vez uno o dos años menor. Es hija de madre japonesa y padre peruano. Gustavo planifica irse a vivir a Japón, con el respaldo familiar de su novia. Estos planes no son inmediatos, deberán abarcar el tiempo necesario que ocupen todos los trámites legales para su estadía allá. El 16 de diciembre Gustavo y Micaela contrajeron matrimonio civil. Fue una ceremonia íntima y sin ningún tipo de celebración, más allá de la que la que se llevó a cabo en la municipalidad de San Miguel, distrito donde vivimos.

Diciembre fue un mes sin mayores festividades, porque el duelo estaba presente en nuestros corazones. Solo nos reunimos las dos familias. Nosotros, Trini y mi hermana con su familia. A pesar de que el dolor mandaba, los niños les dieron alegría a estas fechas.

En ese mes, el propietario me solicitó la desocupación del departamento. Debía ser entregado para el 31 de enero.

Capítulo 13

Año 2021

El mes de enero lo dediqué a buscar departamento. Con mudanza y pandemia, no hubo planes de playa; solo quedaba disfrutar el calor del verano y deleitarnos con ese sol implacable que le da luz durante cuatro meses a una Lima gris.

En estos días de enero celebramos en familia mi cumpleaños, sin mayor festividad. Mae me invitó a almorzar y luego, en casa, apagué mis velas y agradecí a Dios un año más de vida, un año más de pruebas; ahora sin mi padre, que durante tantos años me reanimaba solo con escucharlo.

La pandemia siguió haciendo estragos a nivel mundial. Las cifras de muertes eran francamente desalentadoras. Entre conocidos y allegados, fueron varias las pérdidas físicas a causa de la COVID-19. En medio de este escenario crítico, correspondía movernos para encontrar lo que sería nuestro nuevo techo, hogar de esta tribu.

En el condominio donde vivimos, varios departamentos estaban disponibles para rentar. Una vecina me comunicó que se iría a su provincia natal, y que ella podía recomendarme con la propietaria del departamento que venía arrendando. Así fue como conseguimos el departamento donde actualmente vivimos; en el mismo edificio, solo que dos pisos más abajo. Durante la pandemia, se creó una fraternidad maravillosa en este condominio. A través de grupos de WhatsApp, nos llegamos a conocer casi todos los vecinos, y nos dimos la mano en momentos de necesidad. También brindamos apoyo a los emprendedores, como era mi caso.

Con el propietario del departamento anterior acordé que me permitiera pagarle después, de modo que destinara el dinero para la renta del nuevo. Aun así, me faltaba un mes, pues la transacción era de un mes de adelanto y un mes de garantía. Logré juntar el dinero necesario, y el día 7 de febrero nos mudamos. La mudanza fue sencilla: algunas cosas las bajamos por el ascensor y otras por las escaleras. Una vez instalados en el nuevo departamento, continuaron las ventas de burritos, enchiladas, enrollados y tequeños, aunque no iban muy bien, pero, mientras alcanzara para techo y comida, por muy dura que fuera la situación, estábamos bien.

María Guadalupe debía iniciar un nuevo año escolar, en poco más de un mes; esta vez mediante clases virtuales, debido a la pandemia. En este punto, los nervios me agobiaron, pues mi familia siempre ha sido el mayor soporte en la educación de ella, y el año pasado la situación fue muy difícil para todos por la pérdida repentina de mi padre, y por la pandemia.

A finales de marzo presenté un quebranto de salud. Fueron doce días durante los cuales no pude trabajar. Como en casa todos estos años hemos vivido al día, no trabajar un día tenía como consecuencia inmediata la falta de algo.

Mi lucha diaria se basaba en librarme de las cosas vividas el año anterior. Esto parecía una misión imposible. Era como andar en círculos: arrancaba, daba la vuelta y terminaba en el mismo punto de partida. La oración permanente me ayudaba, pero no sentía en ella el mismo consuelo de antes. El miedo me abrazaba y no me quería soltar. Además, el amor tuvo una fisura y eso me entristeció un poco. Estaba quebrada; aun así, mi vida no podía entrar en pausa. Lamentablemente, los nervios y la depresión son depredadores. Le comuniqué a mi terapeuta lo que me estaba ocurriendo: sentía una tristeza y una depresión indescriptibles.

Desempolvar estas hojas, darles forma, completarlas y escribir los últimos capítulos para que, por fin, este libro vea la luz, me llevó a un shock emocional. He tenido que darle lectura a cada capítulo escrito y vivido. Esto ha sido muy duro, y mis emociones, una vez más, hicieron cortocircuito. Mi terapeuta me dijo que ese era el camino, que íbamos bien, pues el proceso abarcaba lo que estaba sintiendo. Entre terapias, oraciones, pandemia, y el amor, seguía escribiendo.

Llegó la Semana Santa, pero debido a la pandemia las iglesias permanecían cerradas. Solo una temporada permitieron cierto aforo; en esos días acudí a misa las veces que pude, y cuando no se podía, la seguía virtualmente. Esos días fueron muy emotivos. De por sí, siempre lo son. No obstante, hubo un distanciamiento entre el amor y yo, lo cual aún no ha sido atendido; sigue allí.

La Anaí de Venezuela sabía manejar muy bien cualquier desavenencia sentimental y, además, llevaba el mando de todo. La Anaí del Perú, quien como consecuencia de aquel episodio fatal estuvo sola por años, ya no estaba, pues le había dado paso al amor que me hizo creer, pero también experimentar una dificultad en él que, evidentemente, me estaba afectando. Por más que trataba de sacar la fortaleza del amor y la fortaleza de antes, no era posible. La Anaí de ahora es una mujer débil en sus emociones, en todos los contextos. Si yo tuviera que definirme en una sola palabra, sería, sin duda alguna, ***hipersensible.*** No puedo permanecer fría ante un sentimiento, tampoco puedo ocultarlo; en mi amor no hay discreción. Esto me generaba un poco de impotencia y muchísima ansiedad, pues luchaba buscando, al menos, la indiferencia de la Anaí de antes; pero no podría rescatar nada. Ya no quería estar sola. El amor es como una terapia electroconvulsiva en mi apagada y golpeada vida como mujer. Me revivió; es un bálsamo mágico, divino.

Mis hijos han sido mi fuerza, mi luz, mi motivo en los momentos dolorosos de soledad, incertidumbre y de mayores dudas. Cada uno de ellos es una porción de amor imperecedero e infatigable; ellos son un combustible que no falla. Pero el otro amor, definitivamente, era necesario. Estaba enamorada.

Los días avanzaron y la fisura en el amor fue sanada; a pesar de algunas circunstancias, hemos decidido seguir de la mano. Al recuperarme del quebranto de salud, me dispuse a trabajar; esta vez, cuidando cada detalle y con más formalidad. Mi sobrina Yumiko me sugirió una serie de pequeñas cosas que hicieron la diferencia, como reactivar las redes sociales y suscribirnos en una reconocida plataforma de ventas con alto movimiento comercial. Todo estaba listo para arrancar.

En abril llegó a mi hogar la COVID-19. Día tras día, fueron cayendo uno a uno: Mae, Julián, Micaela, María Guadalupe, Trini y, al último, dio positivo Gustavo. Hasta ahora yo no me he contagiado. Los vientos otra vez soplaron fuerte. Esto me mantuvo muy preocupada. No solamente dejé de trabajar y producir; también tuve que estar alerta. Me embargaba el miedo. Las circunstancias eran muy difíciles: estaba sola frente a un cuadro atemorizante. La fuerza del amor, al riesgo que fuera, me empujaba a estar al lado de cada uno de ellos, entregando todo de mí. Cuidé cada horario de medicina, les di una buena alimentación y, al culminar mi día, elevaba una plegaria al cielo por la sanación de mi familia, y también por la del mundo.

Cada día transcurrido era un día ganado de salud y un día más cerca del fin del aislamiento. Desde Venezuela, mi cuñado

Kaduo monitoreaba a cada uno de los contagiados y me daba indicaciones. Tras varios días, perdí la cuenta, porque cada uno tenía una fecha diferente desde que les diagnosticaran positivo. Entonces, decidí llevar la cuenta de todos por igual; así unos tuvieran que guardar más días que otros. Este cuidado duró hasta que todos dieron negativo.

En mayo recién pude reiniciar mi negocio de comida, con fe en que las ventas se reactiven para lograr un equilibrio económico. En este mes llegó una oportunidad visionaria: una propuesta de trabajo que requería de un aporte financiero, el cual no tenía. A pesar de ello, decidí avanzar con positividad y llegar a la meta.

En ese momento reapareció un gran ángel de esos que Dios me mandó tantas veces en mi travesía, y con quien yo guardaba un compromiso: Fiorella Vargas. Conversando con ella, le manifesté que mi situación económica seguía exactamente igual a la de años anteriores, pero que sentía que este año vería la luz de alguna manera. Escribir, ahora mismo, los últimos capítulos de este libro, es un rayo de esa luz. Otro rayo de luz fue la propuesta de trabajo; nada parecido se me había presentado anteriormente. Fiorella, al escucharme, me ofreció su apoyo incondicional, y depositó, una vez más, su total confianza en mí.

Al estar en este punto, el proyecto se comenzó a materializar y a tomar forma. Yo estoy asombrada de mí misma. En diez años, jamás me había sentido con este ánimo y estas ganas; otra vez creí en mí.

Este paso gigante en mi vida me fortaleció, aunque de manera tenue. Comenzaba a sentir seguridad en mí misma y un mínimo de independencia emocional. Eso, para mí, ya era bastante. Y, sin duda alguna, mi padre tenía su mano metida en esto.

En junio, luego de reflexionar y considerar los escenarios, incluso los riesgos, pero sin miedo y con la autonomía que me corresponde, tomé la decisión de dar la primicia de este libro y hacer pública la denuncia, así como los intentos fallidos de justicia que vinculan y condenan directamente a Rodolfo Antonio Barráez Sánchez, «Popo Barráez», como mi agresor, y autor material e intelectual del delito de apropiación indebida. Este paso importante lo di a través del programa *Factores de poder*, bajo la conducción de la periodista Patricia Poleo.

Patty, al margen de todas las circunstancias difíciles vividas junto a mis hijos; de días oscuros y de mucha sequía; de soledad y de infortunios; también de errores cometidos; cada día que transcurría transformaba el anterior en pasado, convirtiendo el presente en un día más sobrevivido. Tú conoces cada detalle y cada rincón de nuestras vidas (de mis hijos y mía) de los últimos diez años. Te expreso, en nombre de mis hijos y el mío propio, un inmenso agradecimiento cargado de afecto; este sentimiento jamás nada ni nadie lo podrá tocar ni transformar. Aprendí a ver la felicidad desde un ángulo convencional (pactado con Dios), en donde ser feliz no es solo disfrutar, por ejemplo, de una sonrisa, sino también reflexionar sobre la tristeza.

Un cielo sin tormenta, un camino sin accidente, un trabajo sin cansancio, ¡no existen! Quien piense eso está fuera de toda realidad. La vida es bella, pero también tiene su lado hostil. Si en ese cielo, en ese camino, en ese trabajo, aprendemos a sacar de nosotros lo mejor, y ello sucede a cierta edad, el resultado es la excelencia; nos convertimos en mejores seres humanos.

Patricia, tu incursión en este momento de mi vida alimentó un mil por ciento más mis ganas de vivir y de salvar los días que papá Dios me tiene guardados. Se diluyó un poco mi culpa y mi dolor. Siento que la mochila en mi espalda ahora es más liviana. Puedo ver a mis hijos con más firmeza. ¡La gratitud en silencio no sirve a nadie! Ojalá un día nos podamos dar un abrazo apretado, de esos que dejan en evidencia el cariño e impregnan de emociones y fuerzas; de esos abrazos que le dan sentido a la vida, a la empatía y a nuestro breve paso por la vida. ¡Mis hijos y yo te queremos!

Capítulo 14

Desnudo mi alma ante ustedes y muestro sin censura el camino recorrido, revelando secretos guardados durante diez años, dejando en evidencia lo frágil que pude ser ante los duros golpes de la vida y las injusticias del ser humano.

Al esbozar estas últimas líneas, puedo distinguir perfectamente a otra mujer, que no es la Anaí de Venezuela, tampoco la que estuvo, durante una década, anclada en el dolor y la culpa. Hoy gozo de un estado de reciedumbre y estoy recuperando la seguridad en mí misma. Mi fragilidad se va transformando en tenacidad. Quiero creer y sentir que estoy muy cerca de la época más bizarra y aguerrida de mi vida, pero siempre sensible.

Las fibras de mi alma fueron tocadas sin compasión. La vida de mis hijos, además de haber sido lastimada a profundidad, fue literalmente partida en trozos, con consecuencias irremediables. Yo podía soportar cualquier agresión psicológica o física, incluso podía estar al borde de la muerte, pero ver a mis hijos en un estado similar al mío, ver cómo eran fragmentados, acabó conmigo. Es un desgarro en mi alma difícil de describir. Nuestra vida misma, corporal y emocional, fue controlada con la mayor crueldad posible y sin un mínimo de conmiseración.

Tengo la firme convicción de que, desde que nacemos, Dios, en su omnipotencia, nos otorga la dignidad, la cual es intocable.

No puedo culpar a la política por los actos atroces cometidos contra mis hijos y contra mi persona. Al margen de que este hombre pertenezca al ámbito político de mi país e independientemente de que este se encuentre conformado por personas no aptas, él tiene en sí mismo una naturaleza malvada y narcisista, y lejos de asociar sus actos con la política, dejo en claro que son meramente responsabilidad de él.

Es inverosímil, y me causa aberración y rechazo ver cómo esta persona, en su desempeño político, infinidad de veces dio discursos en defensa de los derechos humanos. Se daba golpes de pecho al publicar notas de prensa sobre este tema. No conforme con esto, en su solicitud de refugio argumentó que sus derechos humanos estaban siendo violados. ¡Qué fariseísmo tan grande!

Él es un delincuente; incurso, además, en una injusticia social. Cometió un delito y transgredió los derechos humanos de una mujer y de sus tres menores hijos, quienes, humillados en el piso y en estado de vulnerabilidad absoluta, le suplicaban un pan. Lejos de sentir caridad, más bien les siguió escupiendo en el rostro, y con desfachatez se burló de la ley, aplaudiéndose a sí mismo por su astucia al salir del Perú y reingresar a Venezuela, bajo «negociación», y alistarse en las filas del régimen chavista, donde permaneció por un periodo, para luego declararse contrario a dicho régimen y pretender, una vez más, ser elegido como alcalde de la ciudad de Coro, estado Falcón, Venezuela.

Capítulo 15

A los cuatro meses de haber llegado a Lima, comencé a escribir fragmentos basados en los momentos que estaba viviendo. En muchos de ellos le escribía a Dios; era mi desahogo. Cada uno de esos momentos me dejaba una cicatriz; y cuando estuve llena de ellas, muy cerca de la muerte, incluso provocada por mí, sentí la inmensa necesidad de dejar testimonio de lo que me estaba sucediendo. Por medio de mi palabra, y en caso sucediera lo peor, quería dejar evidencia de todo lo que me estaban haciendo vivir, sin dejarme opción de nada. Yo no encontraba el camino para sanar. Fue entonces cuando consideré escribir cada suceso.

Con la muerte de mi padre sufrí el corte más grande de mi vida. Con ese dolor a cuestas, me propuse rescatar cada fragmento escrito. Algunos estaban en mi correo, otros en mis redes, en un cuaderno de apuntes y otros en mi memoria. Escribir cada episodio fue duro. Ahora que lo he llevado a un libro, puedo añadir que es sanador. Leer mi propia historia, mientras armaba cada capítulo, ha sido una gran lección.

A través de mis líneas pude ver con claridad aquello que, durante diez años, mis hijos y yo vivimos. Ha sido una travesía larga con subidas muy empinadas, curvas, pendientes pronunciadas y bajadas repentinas y profundas. El recorrido ha sido reiterativo, y cada vez que un trayecto terminaba, me dejaba en un túnel oscuro. Cada salida de este túnel me enseñó algo o me presentó la misma prueba que ya antes me había resistido a pasar. Y esta es una de las lecciones más destacables de esta historia.

He sido una mujer de voluntad débil. Por ello, las circunstancias siempre me llevaban a resolver las cosas de una manera que no me ayudaba a evolucionar. Como consecuencia de las situaciones emocionales y económicas por las que pasé, siento que he fallado, incluso, en ocasiones, a mis hijos.

Estas situaciones emocionales las enfrenté con una profunda depresión de espíritu, en las que llegué a considerar quitarme la vida. Por momentos, me sentí valiente para hacerlo y, en otras ocasiones, me abrigó un miedo gigantesco. Me quedaba estacionada, pensando qué hacer y qué sería de mis hijos. Gracias a Dios que una fuerza divina siempre me apartó de allí. Sentí temor de interrumpir el camino hacia la eternidad y angustia por el porvenir de mis hijos.

También pasé por situaciones económicas que me llevaron a un estado de carencia y limitaciones, donde no pude ni siquiera cubrir lo básico para vivir y además siempre me llevaban a recordar aquel episodio vivido, que me dejó en la calle. Eso fue terriblemente devastador y me produjo crisis de pánico y depresión.

Durante temporadas estuve medicada. La medicación me sirvió para algo: poder dormir. No me ayudó en ningún otro tema de mi vida. Dicho estado, al menos en mi caso, le ganaba a mi voluntad de una manera contundente, que me hacía sucumbir. La mayor parte de ese tiempo viví doblegada por el dolor y la desesperación, y, además sentía que mi dignidad cada día era menor.

Mi destreza, actitud, carisma e intelecto estuvieron en letargo a lo largo de ese periodo. Era un estado involuntario; por mucho que quería avanzar, me ganaba la condición emocional. Durante estos diez años también perdí mi destreza para hablar con seguridad, ya sea sobre mí misma o sobre cualquier tema. La sensibilidad era mi única identidad. La actitud más insignificante de cualquier persona me hacía llorar; las lágrimas salían de manera irremediable y sin control. Era una constelación de sentimientos que estaban a flor de piel, conmigo misma, con mis hijos, mis allegados, mi entorno y cualquier ser humano. Mi dureza fue revertida totalmente. En mis ojos siempre hay una lágrima escondida luchando por salir, ante cualquier motivo. Todo me afecta, todo me toca.

Soy una mujer con muchos miedos y esta experiencia me dejó con una altísima dosis de ansiedad. A pesar de que ha sido un proceso de conversión, la embestida fue tan dolorosa que aún no logro la paz que tanto anhelo.

Tras cargar con una culpa inexorable, relacionada con las repercusiones en mis hijos por el engaño del que fui objeto, mi cerebro y conciencia crearon, sin que yo lo advirtiera, una confluencia entre realidad, ficción, ilusiones y situaciones hipotéticas, que me acechaban cautelosamente. Mi mente aún era controlada por «aquello que sucedió, lo que está sucediendo y lo que pudiera suceder». No en la misma magnitud de cada año, pero allí estaba latente, llevándome a un estado de desmotivación absoluta.

Al recorrer estos diez años de vida, se evidencia que he sido una mujer inoperante y nula, y que cualquier intento de surgir ha sido inevitablemente frustrado.

Mi proceso de restauración, terapia, rescate y sanación, continúa. Viene siendo largo, lento y con la intervención de factores emocionales críticos. Por momentos, siento que necesito olvidar para no traer a mi mente pensamientos incisivos, que me convierten en su esclava.

Los dolores de la vida siempre llegan acompañados con la fuerza necesaria para soportarlos. Y es en la acción de la fuerza, cuando ese dolor nos comienza a purificar. De allí viene el dicho «hay dolores que nos purifican». No obstante, mi fuerza se diluyó en cada uno de los dolores. Así lo siento. Caminando por el infierno, pude distinguir dos tipos de dolores: el dolor que aparece en tiempo real y que es producto de daño violento (fractura, corte o infarto) o de agresiones físicas, como de las que fui víctima; el otro dolor es el del alma, el quebranto del espíritu. Aquí no hay agresión a tejidos ni sangre; tampoco existe una pastilla que lo calme o cure. Solo la oración hizo posible mantenerme erguida ante los fuertes vientos de la vida.

Nunca debemos subestimar la capacidad de fortaleza de cada persona, pues cada una está librando una batalla. Asumir el fracaso es muy duro, más aún cuando se tiene hijos, porque se pierden todas las perspectivas de proyección y planes de surgimiento. Además, la desesperación y el dolor nos atrapa.

Mi terapeuta insiste en que ya estamos cerca del final, salvando siempre que mi hipersensibilidad es irreversible; aunque la ansiedad puede disminuir.

Tengo todavía muchas palabras por honrar. Le pido a Dios salud para que, en los días que me quedan de vida, pueda culminar este camino dignamente.

Capítulo 16

El amor

En estos diez años, dos personas le dieron una pincelada de amor a mi vida. El primero llegó poco después del episodio más trágico de mi vida, cuando comencé a escribir este libro. El segundo llegó cuando decidí terminarlo.

Carlos apareció a menos de un año de haber ocurrido todo. En medio de mi destrucción, no había espacio para el amor. Sin embargo, su espíritu y su madurez hicieron que le abriera las puertas. Su incursión fue vital, pues llegó en un momento en que necesitaba sentirme viva. Nuestra relación duró lo que tenía que durar dentro de mi proceso. Los tiempos de Dios son perfectos. Terminada la relación, se develó una mujer abusada, golpeada, derrotada, humillada, engañada y muy lastimada. La que estuvo dormida mientras Carlos la acompañó.

De ahí en adelante, consciente o inconscientemente, no lo sé, me declaré en desobediencia afectiva y le cerré las puertas al amor. Todo hombre que trató de cautivarme fue rechazado. En cada uno de ellos veía un afán de seducción engañosa. No hubo nada ni nadie que me convenciera de lo contrario. Todos eran malintencionados, mentirosos y aduladores. En este contexto, les hablé a mis dos hijas, sembrando en ellas una alerta y una desconfianza hacia los hombres. En mi criterio, sin desperdicio de ningún tipo. Consideraba a los hombres engañosos y detestables. Así de simple. Los únicos hombres que he respetado, en esta etapa de mi vida, fueron mi padre, mis cuñados y mi hijo Gustavo. Durante todo este recorrido, no hubo nadie que tocara mi alma, o al menos yo no lo permití. Tal vez, si no hubiese habido consecuencias graves y ni hijos de por medio (Dios me los bendiga y guarde), otro hubiese sido el escenario en el amor. Pero ese no fue el caso.

Sara, mi terapeuta, de mil maneras trató de sacarme de aquel lugar de desamor y desobediencia. Era insistente y amorosa: «Anaí, date la oportunidad de amar. Inténtalo, no puedes vivir marcada el resto de tu vida. Al menos dale paso a uno solito y ves qué tal». Mi respuesta siempre era «¡no!». Mi forma de expresarme de los hombres, o de juzgarlos, era con desprecio.

Me acostumbré a estar sola. Confieso que también hubo algo de soberbia. Además, verme sin poder y sin nivel económico, no me animaba a nada. En mis relaciones, siempre fui yo la del poder, la de la voz, la autosuficiente e independiente económicamente.

Me resistí al amor durante ocho años, pero al iniciarse el año 2020 conocí a una persona y le di entrada a mi vida. No pensé en tener cautela al hacerlo; obedecí a mi alma. Cuando me volví a sentir enamorada, sabía que el amor había llegado para sanarme. Tú llegaste para redimirme en el amor. Ahora mi amor es sano, sin intereses, exigencias ni condiciones. Es un amor perdonado y perdonador.

Resistirme ocho años a amar porque estaba golpeada, lastimada y ultrajada fue una decisión equivocada. Ni el resto de mi vida sola hubiese sido suficiente para sanar en el amor. Las heridas no sanan con el tiempo, sanan con el amor. La vida vale la pena vivirla.

Cuando los afectos del corazón son causados por un amor afín, proveniente de un sentir que se entrega o se recibe, es el momento de ser feliz y convertirse en el autor de nuestra propia historia de amor. No importa si en ocasiones sentimos que con esa persona se atraviesa un desierto, lo importante es que, junto a ella, encontremos el oasis.

Amar es no tener miedo a nuestros propios sentimientos; es tener coraje y valor. Amar es tener la sensibilidad para decir «te necesito», la capacidad de decir «te amo» y el valor para decir «perdón». La persona que ama es morada eterna de sentimientos y emociones. Por ello, debemos ser cautos al ingresar a una morada.

F. B., agradezco a la vida por haberme hecho coincidir contigo, por sentir tus brazos cruzados en mi espalda, tan apretados y cargados de afecto, también por tus besos. Gracias por hacerme esperar veinte días cada mes. A veces más. Esos «hasta luego» jamás fueron suficientes para alimentar mi paciencia o calmar mi ansiedad. Cada día que pasaba, lo restaba del calendario, esperando tu llegada. Tú siempre tan libre y tranquilo dentro de tu limitado tiempo para amar.

Tu carente determinación para entregarte y tu abundante comodidad siempre te llevaban a darme los espacios más reducidos junto con unas agujas de reloj, las cuales marcaban, sofocadas, el tiempo de dos almas.

No importa cuán grandes fueron las dificultades. Saber que estabas allí, ya era motivo suficiente para sentir una gota de ganas y de ánimo. El amor le dio una esperanza a mi vida. Liberaste un pedazo de culpa en mi conciencia; esa culpa que me condena al mirar los rostros de mis hijos. A través de ti, el amor recobró su libertad y autonomía. Y una parte de mí se siente reconciliada con la vida.

Recuerdo la dedicatoria que escribí en un libro que te obsequié:

«A un alma que la vida me permitió conocer. Motivo de mi intimidad, de mi sonrisa, de mi estupor, de mi afecto y de mis lágrimas. Que el beneficio espiritual de la mansedumbre se refugie en ti hasta que Dios te llame a su morada... allí, otra vez, nos volveremos a ver y sin duda, nos vamos a reconocer».

Capítulo 17

Redención

El amor es la fuerza más humilde, pero la más poderosa de que dispone el ser humano. El amor y Dios son el soporte de todo. La verdad insiste, el coraje levanta, el miedo fortalece, los errores enseñan y Dios sostiene. Nadie es perfecto; si crees, nunca estarás solo. Dios siempre estará a tu lado.

La vida siempre da otras oportunidades y pone a cada uno donde debe estar. Si tu vida no ha sido fácil, fortalece tu FE EN CRISTO que todo lo puede, y los días llegarán llenos de oportunidades que ayudarán a superar aquello que te hace débil. Ten la certeza de que, mientras respires, siempre tendrás la oportunidad. Decidimos seguir a Cristo justo cuando el camino se pone más angosto, difícil y borrascoso. Seguir a Cristo en tiempos de tribulación es el acto de mayor valentía que un ser humano pueda ejecutar. En mi caso, ha sido así. Muchas veces me salí del camino, pero nunca desarmada: cada vez que me desviaba llevaba el arma en mi mano: el rosario.

En la mayoría de las ocasiones, mi oración era pobre, de derrota; me sentía deprimida y no creía. Aun así, jamás dejé de orar, ni de rezar. Mi madre siempre me decía: «Hija, sigue orando, aunque no veas la luz». Discutí con Dios mil veces: algunas veces terminaba enojada, pero seguía orando. Otras veces me declaraba en desobediencia cristiana y me ausentaba de misa un mes o dos; luego volvía, pero siempre en oración.

Mi experiencia fue durísima, y yo la hice todavía más dura. El hecho de que mis hijos fueran tocados me perturbaba, y me hizo entrar en el estado más grande de desesperación que haya podido experimentar. Me condujo por sendas imposibles de caminar. Les di paso a la derrota y al dolor, que han tenido el control absoluto de mi vida en estos últimos años. Cualquier motivación se esfumaba.

Los motivos de mi caída fueron la pérdida de todo mi dinero y estar en un país desconocido, lejos de mi familia. Más allá de un descalabro en el amor, también hubo un orgullo triturado, una soberbia allanada y una vanidad despojada. Esa era mi lucha, y mientras estuviera basada en la búsqueda de estas características, jamás obtendría buenos resultados. Estando en ese paseo por el infierno, siempre de la mano de Dios, no veía luz ni esperanza posible. Cada día que pasaba era la ratificación de que había perdido. Buscaba desesperadamente una salida, una solución, un arreglo a todo el desastre que se me presentaba. Discutir, gritar, pedir auxilio, llorar, correr, golpear una pared... nada, absolutamente nada, le daba solución a mi situación, y nada me calmaba.

Los únicos momentos en que yo sentía un ápice de esperanza era cuando oraba. Y en este andar entre el dolor y la rabia, y con una moral destruida, jamás dejé de orar.

Fui despojada absolutamente de todo lo material y golpeada corporalmente; mi psiquis estaba hecha pedazos; y fui rechazada de innumerables vacantes de trabajo. Llevaba duelos encima y me sentía con barro en el rostro, hambre, sed, y en la oscuridad. Tenía deudas y dependía de aportes económicos y ayudas sociales. Sin embargo, tenía de mi lado las confesiones, la oración, el rezo del rosario, la asistencia a misa diariamente (o en su defecto los domingos), la introspección y la penitencia.

¡Dios! ¡Qué más quieres de mí!

Siento enojo, vergüenza de mí misma e impotencia. Me duele el alma, el espíritu, mis hijos... ¡Me duele la vida! Recordé detalladamente cada momento vivido, cada bálsamo que le dio alivio a mi dolor y cada manifestación divina. También los rostros de aquellos ángeles que aparecieron en momentos oscuros y de incertidumbres. Recordé las veces en que, sin duda alguna, Dios me habló: «¡¡Tienes que redimirte, hija!!».

En su infinito amor y dentro de su excelsa e infalible sabiduría, con sus pinzas de bondad, Dios me tomó y me sacó del lugar donde me encontraba: un mundo de vanidad, abundancias, excesos, soberbia, carácter violento, orgullo. «Mujer, para salvarte tenías que ser despojada de todo», escuché.

Esto no justifica las malas acciones de las personas. Tampoco debe traducirse como que Dios nos pone a sufrir para salvarnos. No. Dios nos da el libre albedrio y la libertad; el derecho de obrar según consideremos el bien o el mal. Tomar decisiones acertadas es nuestra responsabilidad. Y aunque nuestras decisiones sean equivocadas, en su infinita misericordia Dios nos da la oportunidad de redimirnos, de ser salvos con lo que haya. Para ello nos pide que, de todo lo malo, saquemos lo bueno. A mí me pidió que aproveche la desgracia originada por mis erradas decisiones para convertirme.

Yo me conozco perfectamente; sé quién he sido y quién soy ahora. Antes era una mujer empoderada, autosuficiente, con una economía cómoda. Mis finanzas siempre estuvieron en equilibrio. Los ingresos diarios en el flujo de caja reflejaban una economía estable. Teniendo todo, ayudé y me solidaricé con el necesitado y atendí cualquier carencia que yo veía en el prójimo. También les di el apoyo necesario a mis empleados. Esto me complacía bastante: dar y ayudar para mí era satisfactorio.

¿Qué estaba siendo complacido realmente en mí? ¿Mi alma y espíritu, o mi ego? Sin duda, era mi ego. De haber sido mi espíritu, jamás hubiese buscado el aplauso de la sociedad, ni hubiese hecho público ningún gesto de compasión. Cuando se ayuda, hay que hacerlo solo para los ojos de Dios. Esto es humildad absoluta y la aprendí en esta travesía. Bien dice Mateo 6:

1 Guárdense de las buenas acciones hechas a la vista de todos, a fin de que todos las aprecien. Pues en ese caso, no les quedaría premio alguno que esperar de su Padre que está en el cielo.

2 Cuando ayudes a un necesitado, no lo publiques al son de trompetas; no imites a los que dan espectáculo en las sinagogas y en las calles, para que los hombres los alaben. Yo se lo digo: ellos han recibido ya su premio.

3 Tú, cuando ayudes a un necesitado, ni siquiera tu mano izquierda debe saber lo que hace la derecha.

4 Tu limosna quedará en secreto. Y tu Padre, que ve en lo secreto, te premiará.

Dios siempre ha sabido que tengo nobleza y que esa nobleza estaba siendo aplicada de un modo que no me dejaría caminar hacia la eternidad. Por eso me hizo su hija predilecta y me mostró la otra cara de la vida, a través de golpes muy duros. Pero era necesario mostrármela de esa manera.

Considero que había cosas fundamentales que él me quería enseñar: la obediencia, la humildad, la resignación y el desprendimiento de lo material. Yo me jactaba diciendo que era desprendida. Y sí que lo era, porque cualquier cosa mía de valor que a alguien le gustara, yo se la regalaba. Pero inmediatamente iba y me la compraba de nuevo. En ese sentido, no hubo un desprendimiento como tal. El dinero jamás me dolió, porque siempre hubo.

Mi proceso de conversión, todavía inconcluso, ha sido una prueba difícil. Queda camino que enderezar. En este proceso puedo destacar tres logros que me han hecho sentir libre: amo sin condiciones, no juzgo a nadie, y pido perdón y perdono.

Asiduamente, le pedía a Dios una cita con él, pues sentía que, a pesar de ser una mujer en oración constante, no era escuchada. Si Él me hablaba, yo no sabía escucharlo. Siempre le decía: «Dios, tú me conoces y sabes que no sé escucharte. Háblame claro, de frente; en un sueño o en la biblia. No me la pongas difícil, porque no sé interpretar tus mensajes. Esto se lo pedí en muchas ocasiones.

En dos oportunidades, pude percibir que Dios me hablaba; ambas fueron momentos de embeleso total. La primera fue tras cuarenta y ocho horas de oración permanente, interrumpidas en las noches para dormir solo un par de horas. Luego de dormir un rato, desperté y una fuerza divina me llevó a tomar lápiz y papel. Perfectamente, pude escuchar: «Reconcíliate». De inmediato, apunté los nombres de las personas que habían sido lastimadas por mí. Ese mismo día, me dispuse, también impulsada por una fuerza sobrenatural, a ubicar a cada una de ellas y, sin mayor esfuerzo, a cada una de ellas le dije: «Perdón. Necesito que me perdones». Sentí una paz absoluta; fue una sensación de liberación inmensa.

A los pocos días, estando en oración y haciendo lectura bíblica, recibí otro mensaje. Esta vez fue un contundente: «¡Obediencia!». En esa perfecta comunicación que tuve con Él, me habló de las obras de misericordia corporales y espirituales.

Ya conocía esas obras de misericordia, pero no las había cumplido. Así que, en obediencia absoluta, cumplí lo indicado por nuestro padre.

Solo hubo una obra corporal que no llevé a cabo acá: redimir al cautivo. Esto es, visitar a una persona privada de su libertad. En Perú, esto se me dificultó; sin embargo, en Venezuela, lo hice infinidad de veces; por ello, le ofrecí a Dios mis visitas a penales hechas en Venezuela, como relevo de la obra que no puedo realizar aquí.

Se las dejo escritas acá, como parte de una de las experiencias más lindas vividas por mí en tiempos tan difíciles y los invito a que las hagan. Les prometo que la sensación que van a experimentar será liberadora, además de divina.

Obras de misericordia espirituales:

- Enseñar al que no sabe
- Corregir al que se equivoca
- Dar buen consejo al que lo necesita
- Perdonar las injurias
- Consolar al triste
- Sufrir con paciencia los defectos del prójimo
- Orar por los vivos y los muertos

Obras de misericordia corporales:

- Visitar y cuidar a los enfermos
- Dar de comer al hambriento
- Dar de beber al sediento
- Dar hospedaje al peregrino
- Vestir al desnudo
- Redimir al cautivo
- Enterrar a los muertos

Al llevar a cabo estas obras, no me santifiqué, ni obtuve indulgencia plenaria. Solo sentí paz en mi corazón, pues me ayudaron mucho en cuanto a la culpa que aún cargo internamente. En pocas palabras, me sirvió de liberación. Estoy convencida de que, poco a poco, a través del servicio, me podré ir sintiendo más y más libre, hasta encontrarme en paz conmigo misma y, por fin, sentir mi propio perdón. Escribir este libro también ha formado parte de mi redención.

Aún padezco las consecuencias de mis actos, pero, paradójicamente, estoy de pie, vestida de fuerza y cubierta de fe. Esto me permite asegurar que cada dificultad simplemente hace más dura y resistente mi armadura. En momentos de aflicción es necesario comenzar a creer. Esto se inicia con la conversión y la relación íntima con Dios. El médico que atiende la aflicción y el dolor es Dios, sanador por excelencia.

Mi caída inconmensurable ha sido mi cimiento. En el túnel supe que estaba hecha para enfrentarme a todo. Cada momento y cada tropiezo hicieron grande mi voluntad, fortalecieron mi fe, e incrementaron mi fuerza. Hay dolores que nos purifican, que nos sanan. Puedo soportar todo. Mientras Dios permita una adversidad en mi vida, tendré la fuerza necesaria para enfrentarla y sobrellevarla. Mi mejor elección en esta travesía ha sido seguir a Cristo, líder ético de la humanidad y hombre que, en un acto de amor, entregó su vida. Él es mi redentor; mi alma y mi espíritu son intocables por la derrota. Soy una mujer muy sensible.

Las siguientes líneas son un extracto que quise agregar. Fueron escritas por Sara, mi terapeuta y entrañable amiga:

En enero del 2017, tuve la oportunidad de conocer a Anaí en Lima, en un bus camino a Miraflores. La escuché hablar por teléfono e, inmediatamente, reconocí el acento de mi hogar;

comenzamos a hablar. Parecía que ya nos conocíamos y seguramente así fue. En ese instante, tal vez solo estábamos reconociéndonos y decidiendo caminar juntas, con solidaridad, para que el frío y la carencia dolieran menos. Después se convirtió en una complicidad fraternal, como la que se guardan las prisioneras en los reclusorios, y finalmente, en un cariño infinito, que trascendió hacia nuestros hijos.

Ser venezolanas, coetáneas, con hijos y con carencias económicas nos hizo afines y nos permitió sentirnos cómodas una con la otra, hasta que nació la gran amistad filial que hoy nos une y que me licencia para redactar estas líneas sobre ella. No son mis largos años estudiando psicología los que me permiten este exceso de hoy; es la pronta empatía que despierta en mí su historia y las secuelas que dejó en ella. No sé en carne propia cómo se siente ser tan estafada, traicionada, golpeada, humillada y engañada, más que por sus relatos, pero puedo leerlo en sus consecuencias.

Pude divisar en Anaí la imagen de una mujer que ostentaba una antigua elegancia, otrora distinción, como quien tuvo mucho y no le quedó nada. Sus palabras, sus elecciones alimenticias y su lenguaje corporal delataban a una «sifrina en el exilio», pero con los ojos llenitos de esa tristeza casi misteriosa que se traducía en ansiedad y algunas explosiones emocionales para resolver cotidianidades.

A medida que me fue contando su historia, fui entendiéndola más. Si debiera hacer un informe sobre su estado emocional, nombraría la distimia que se esfuerza tanto en ocultar por el inmenso amor que tiene hacia sus hijos, amor que la salvó varias veces de morir; y también la impulsividad como mecanismo de defensa frente a un entorno que la mayoría de las veces la sobrepasa y que ha hecho de las pastillas para dormir sus aliadas. A su favor: 1) el área de Broca y Wernicke tan desarrollados que la hacen inmensamente elocuente, y que le heredó a su nieto, reyes ambos del lenguaje y la redacción; 2) su inquebrantable fe en Dios y amor a sus hijos, que la hacían reaparecer al día siguiente con una resiliencia casi mágica, que ninguno sabía de dónde había sacado.

Los eventos dejaron en Anaí un trastorno por estrés postraumático (TEPT), que ahora la acompaña ante cualquier hecho que pudiera recordarle «el evento». La primera señal de su TEPT sin sanar es una profunda inseguridad, que se traduce en ansiedad constante y ataques de pánico, como si fuera la sobreviviente de una guerra. La siguiente señal la encontré en su sueño, alterado y asistido médicamente, así como en los pensamientos negativos que la invaden cuando desea enfrentar un desafío o reto vital, de supervivencia (empleo, emprendimiento, etc.). Otra señal es su irritabilidad constante, presente en pequeños inconvenientes.

Es así como, en cada familiar, hijo o amigo ausente, ella ve un juez que sentencia su error. Entonces, decide protagonizar el rol de víctima, que permanece desde el día que Rodolfo la hizo víctima; y recordar el error que incluso ella misma no se perdona: haber confiado y amado. Anaí se caracteriza por un patrón penetrante de temores anormales, incluyendo relaciones sociales, separación y necesidad de control. Su trastorno se muestra evitativo, con hipersensibilidad al rechazo, la humillación, la vergüenza, y con retraimiento social (sobre todo en el ámbito laboral), a pesar del deseo de afecto, y baja autoestima.

Este personaje, Rodolfo, tengo entendido que lleva una vida regular, mezclado entre los demás. Sus respuestas, hechos y decisiones son propias del paciente de trastorno de la personalidad narcisista, trastorno mental en el cual las personas tienen un sentido desmesurado de su propia importancia, una necesidad profunda de atención excesiva y admiración, relaciones conflictivas y una carencia de empatía por los demás.

A Anaí la vi permanecer ajena a los hombres por varios años, como quien vive entre el enemigo, y después tuve la dicha de verla redimirse, dándose el permiso de vivir una historia de amor de telenovela. La escuché llorar 280 veces en cinco años. Yo solo fui un oído; tal vez pude dar más, pero mis propios problemas de exilio me pusieron barreras. Estoy segura de que esta acción valiente, de vulnerarse en este libro con tanta verdad, será su último paso terapéutico para darle de alta y que venga entonces la época de la esperanza para ella, donde paguen los malvados y llegue el perdón y la serenidad. Quiero estar cerca para aplaudir su alta.

Anaí Domínguez Chacín nació en Maturín, estado Monagas, Venezuela. Hija de Oswaldo Domínguez Tirado y Cenobia Chacín de Domínguez, es la segunda de cuatro hermanas. Estudió primaria y secundaria en su ciudad natal. A los 16 años de edad viajó a Caracas para seguir la carrera de Derecho en la universidad Santa María, titulándose como abogada en 1995.

En 1998 se trasladó de Caracas a Barquisimeto, estado Lara, y allí se estableció con su familia durante los siguientes años. Es divorciada y madre de tres hijos: María Esperanza, Gustavo Adolfo y María Guadalupe.

Abogada en ejercicio libre hasta el momento en que emigró de su país. Docente en la Facultad de Derecho y Ciencias Políticas de la Universidad Fermín Toro, en la ciudad de

Barquisimeto, tuvo a su cargo las cátedras de Derecho Constitucional, Derecho Tributario y Criminología; además fue tutora y jurado de tesis de grado.

Anaí Domínguez ha participado en diversas actividades académicas y profesionales, entre ellas: Jornada Jurídica de Derecho Administrativo; Análisis de la Ley Orgánica de Procedimientos Administrativos, la Jurisdicción Contenciosa Administrativa y los Recursos Contenciosos, Administrativo de Anulación y Plena Jurisdicción, Procedimientos Contenciosos Agrarios en Caracas; I Jornada sobre Derecho Constitucional; Desarrollo Constitucional del Derecho Procesal; Jornada sobre el Estado de Derecho en Venezuela ; II Jornadas del Derecho Internacional Privado; Retos del Derecho Conflictual Americano Contemporáneo; Foro de derecho laboral, procedimiento de estabilidad, organización sindical y procedimientos administrativos.

De igual manera, asistió a diferentes talleres, por citar algunos de estos: Internado Judicial Capital «El Rodeo», INOF, Instituto Nacional de Orientación Femenina, Internado Centro de Reeducación Agropecuario en El Dorado, - Centro Penitenciario Nacional, Centro Penitenciario de Occidente, Cárcel Santa Ana, Inducción Universitaria; I Jornada de las Armas de Fuego; Uso y efectos, Juicio Monitorio y la Casación Civil Venezolana, Reto Jurídico del Nuevo Orden Internacional.

Observadora Legal en el Campeonato Suramericano de Gimnasia; F.V.G.

Ha sido distinguida por el Ministerio de la Defensa, Ejército, Batallón de Inteligencia, Fuerzas Armadas Venezolanas en Caracas.

Incursionó con éxito en Venezuela como empresaria y administradora en el rubro de la gastronomía.

En el año 2011, junto a sus tres hijos, sale de su país natal hacia Lima, Perú, en donde tiene establecida su residencia hasta la actualidad.

En el año 2012 el Estado peruano, a través del Ministerio de Relaciones Exteriores y Acnur, la reconoce, junto con sus tres hijos, como refugiada y le otorga la legalidad de su residencia en el país de acogida.

Denuncias, revelaciones y redención

Hacer pública mi denuncia, y revelar detalles de todo lo que padecí durante estos últimos diez años de vida, ha sido mi redención.

Los delitos cometidos contra mi persona y contra mis hijos, descritos en este libro, fueron en su momento denunciados ante las autoridades competentes y mostradas a la luz pública en el mes de julio del año 2021.

En aquel mes se me brindaron dos oportunidades para exponer mi caso. La primera de estas fue mediante una entrevista; la segunda se trató de la presentación de todas las pruebas y denuncias correspondientes contra Rodolfo Antonio Barráez Sánchez «Popo Barráez». Ambas transmisiones se realizaron en el programa Factores de poder, conducido por la periodista Patricia Poleo:

Las revelaciones personales que comparto en este manuscrito, descritas de la forma más transparente en cada línea, muestran mis más íntimos sentimientos y emociones cuando experimenté el dolor, la ausencia, el miedo, pero también el amor y la fe.

Tras sentirme rota, desgarrada en mi interior, reconstruí a una Anaí nueva, muy golpeada, pero sobreviviente, que hoy respira, vive, perdona y ama sin condiciones. Anhelo con todo mi corazón que este libro sea de ayuda para quienes, en cualquier circunstancia, sientan que la vida se les acabó. El mensaje que quiero dar es que del sufrimiento es posible renacer.

El no tener cómo alimentar a mis hijos; todas las veces que pensé en atentar contra mi vida; la muerte de mi padre, y cuando, luego de ocho años, me volví a enamorar, sin duda han sido los momentos más intensos de mi existencia.

Fueron terribles el dolor y la desesperación, pero ahora he vuelto a nacer.

www.ingramcontent.com/pod-product-compliance
Ingram Content Group UK Ltd.
Pitfield, Milton Keynes, MK11 3LW, UK
UKHW041856190726
13854UKWH00002B/933